KB266070

판단
기술

판단
기술

초판 1쇄 발행 2026년 4월 3일

지은이   차새벽

펴낸이   강기원
펴낸곳   도서출판 이비컴

편 집   최에스더
마케팅   박선왜

주 소   서울시 동대문구 고산자로34길 70, 431호
전 화   02-2254-0658 팩 스 02-2254-0634
등록번호 제6-0596호(2002.4.9)
전자우편 bookbee@naver.com
ISBN   978-89-6245-245-7 (03190)

판단기술

차새벽 지음

차례

 ## 1장 나의 판단은 어디서 오는가?

4장 AI 시대, 판단을 통찰하라

 5장 좋은 판단을 위한 윤리 감각

 6장 판단 기술, 좋은 판단을 하려면

 **판단 기술 적용 사례**

우리 사회에서 자기 생각과 다른 생각을 하는 사람들이 대화하는 일은 점점 더 어려워지고 있다. 특히 정치적 입장이 갈리거나, 종교적으로 세상을 바라보는 토대 자체가 다를 때는 더 그렇다. 설득은 애초에 엄두가 나지 않고, 대화를 시작할 수만 있어도 다행이라고 느끼는 경우가 많다.

그러나 한 걸음 물러나 생각해 보면, 우리는 모두 각자의 자리에서 나름대로 최선의 합리성을 동원해 지금의 판단에 이르렀다. 어떤 사람의 입장과 주장이 나에게는 도무지 이해되지 않는 것이라 할지라도, 그 사람에게는 그 선택이 가장 논리적이면서, 또한 현실적인 하나의 답이었을 가능성이 크다. 판단이란 언제나, 그 사람이 처한 자리에서 만들어지는 것이기 때문이다.

이 사실은 역설적으로, 우리가 흔히 비이성이라고 간주하는 범죄를 저지른 사람들에게서 더 분명하게 찾아볼 수 있다. 거리에서 벌어지는 묻지마 폭행이나, 흉기 난동, 또 극히 일부이긴 하지만 다른 사람에게는 들리지 않는 목소리가 누군가를 죽이라고 시켰다며, 갑자기 타인을 공격하는 등의 사건 등은 심심치 않게 뉴스에 등장한다. 이 경우, 우리는 도대체 왜 그런 짓을 할까? 그들을 비난하고 욕하며, '인간 이성의 붕괴'를 떠올린다. 하지만 각각의 사건을 조금 떨어져서 바라본다면 일정한 패턴이 나타나는데, 그것은 그 무지성과 비합리성 안에 사실은 이성적 판단이 행동을 강력하게 통제한 흔적이 남아 있다는 것이다.

상대를 가리지 않고 공격하기 때문에 '묻지마 폭행'이라고 불리지만, 사실 가해자는 자기보다 강해 보이는 사람에게는 다가가지 않는다. 겉으로 보기에도 만만해 보이는 대상, 즉각적인 반격 가능성이 낮아 보이는 사람을 선택적으로 공격하기 때문에, 대개 어린이나 여성, 힘없는 노인들이 타깃이 된다. 술에 취해 아무에게나 시비를 걸었다는 주취 난동범들이 운동선수나 건장한 성인 남성 무리를 공격했다는 이야기를 들어본 적은 없을 것이다. 아무리 취해서 이성을 잃었어도, 겉보기에 판단 능력을 완전히 상실한 듯 보여도, 인간은 자신이 감당할 수 없는 위험과 그렇지 않은 상황을 본능적으로 가늠한다. 누구를 공격해야 그 행위가 관철될지, 판단은 우리의 생각보다 훨씬 깊숙한 곳에서, 그리고 거의 자동적으로 작동한다.

이런 이야기를 하는 이유는 분명하다. 우리는 모두 각자 최선을 다해 '합리적으로' 판단하고 있다는 것이다. 그러니, 이 책을 통해 내가 얼마나 합리적으로 판단하고 있는지 봐달라는 것도 아니고, 세상을 향해 '당신들의 판단은 잘못됐다'라고 소리치는 것도 아니다. 하물며, 나의 정치적 입장이나 종교적 판단이 좋은 것이니 이것을 따르라고 설득하기 위해 책을 쓴 건 더더욱 아니다.

이 책을 읽다 보면, 내가 역사에 대해 어떤 인식을 가지고 있는지, 정치적으로는 어떤 입장에 기울었는지, 종교와 도덕, 소위 윤리적으로 어떤 기준을 세우고 있는지가 비교적 노골적으로 드러날 테고, 그 과정에서 불편함을 느끼는 독자도 있을 것이다. 갑자기 기분이 나빠 책을 던지는 경우도 있을지 모른다. 하지만 나는 그 불편함 자체가 나쁜 신호라고 생각하지 않는다. 오히려 그것은 작자의 판단이 생생하게 작동하고 있다는 증거이다.

그러니, 다만 '좋은 판단'에 대한 생각들을 펼쳐두고, 그것에 대해 어떻게 생각하는지 가능하면 나와 다른 입장에 있는 사람들과 마음을 터놓고 대화를 시작하고 싶을 뿐, 그것이 이 책을 쓴 이유라고 하겠다. 누군가에게 이 책이, 이미 굳어진 판단을 흔들어 깨는 망치가 되길 바라는 게 아니라, 그저 잠시 멈춰 서서 자신의 자리, 자기 판단이 출발하는 토대, 자신과 타인의 열린 대화의 가능성 등을 확인하게 도와주는 안내 표지 정도는 될 수 있지 않을까 기대할 뿐이다. 지금 내가 서 있는 자리에서, 왜 이런 판단이 자연스럽게 느껴지는지 스스로에게 묻는 계기로서 말이다.

이 책에 앞서 나는 딸들에게 해주고 싶은 이야기를 『소녀 기술』이라는 책으로 낸 적이 있다. 어느 날 존경하는 선배로부터 그의 딸이 그 책을 읽었다는 말을 들었다. 어떤 반응을 보였느냐고 묻자, 이제 막 고등학교를 졸업한 그 아이는 이렇게 말했다고 한다.

"당연한 얘기들이던데요"

그 말을 들었을 때, 나는 묘한 안도감을 느꼈고 솔직히 좋았다. 『소녀 기술』 자체가 특별하고 새로운 통찰을 전하려는 책이 아니었기 때문에, 한 세대를 건너 책으로 만난 다른 이가 내 생각의 토대와 연결되어 있다는 의미를 주는 피드백이었기 때문이다. 내 딸들은 어떻게 생각했는지 궁금하지만, 물어보면 항상 묵묵부답이다.

이 책『판단 기술』을 읽고 "당연한 이야기다"라고 말하는 독자가 많다면, 그것은 반가운 일이다. 하지만, 동시에 "나는 동의할 수 없다"라고 말하며 대화를 청해 오는 독자가 있다면, 그것이야말로 내가 이 책을 쓴 이유와 조금 더 닿아 있다고 하겠다. 이 책에서 나름대로 '좋은 판단'을 위한 몇 가지 기준들을 제시하고 있지만, 실제로 내가 그보다 더 중요하게 생각하는 것은, 생각의 토대가 전혀 다른 사람들과 마주 앉아 터놓고 이야기를 나누는 일이다. 우리 사회가 건강해지기 위해 가장 먼저 회복해야 할 능력이 있다면, 그것은 틀림없이 '열린 대화'일 것이기 때문이다.

대화를 거부하고 자기주장만을 되풀이하는 태도, 특히 폭력이나 위계를 통해 자기 판단을 강압하려는 방식은 문명이 아니다. 극단주의에서 전형적으로 나타나는 그런 공격성은 인류가 오랜 시간 힘겹게 축적해 온 사고의 진화와는 무관한, 전쟁주의자, 승자독식, 힘의 논리에 의한 방향이다.

대화할 수 있는 사람은 '좋은' 판단이 가능한 사람이다. 신의 존재에 대해서든, 정치적 입장에 대해서든, 특정 인물이나 사건에 대해 각자 정반대의 생각을 하고 있더라도 자기들의 근거를 테이블 위에 올려놓고, 서로 인정하는 저울 위에 무게를 달아보는 것이다. 그 과정에서 자기의 판단이 흔들릴 수도, 더 단단해질 수도 있다. 중요한 것은 그 판단을 다양한 각도로 점검했다는 사실이다. 자신의 용모를 점검하며 '외모 췌~크'라고 외쳤던 아이돌 소녀의 밈처럼 마음으로 호탕하게 소리쳐 본다. "판단~췌~크~!"

가장 논리적이고 이성적인 판단이 가장 좋은 판단일까? 다시 말하지만, 우리는 모두 각자 '가장 논리적이고 이성적으로' 판단하고 있다. 그리고 모두 '좋은 판단'을 추구한다.

좋은 판단이란, 위에서 아래로 흘러 들어온 생각, 누군가가 말해준 관점, 내가 속한 세상의 집단적 사유를, 무작정 받아들이지 않고, 한 번쯤 멈추어 서려는 의지, 그 태도에서 시작된다. 내 가족, 내 친구들, 나의 이웃, 내 직업, 나의 동료, 나의 종교 커뮤니티, 내가 매일 만나는 온오프라인의 사람들로부터 자연스럽게 받아들였던 그 세계관을 의심해 보고, 왜 그것이 내게 자연스럽게 느껴지는지를 '생각'해 보는 일이다. 그것은 존재로서 자신의 자리를 확보하려는 시도이기도 하다.

나는 이 책을 읽는 모든 사람이, 세상과 나라를 바라보는 눈, 역사에 대한 평가, 정치와 도덕에 관한 판단 앞에서 당당히 "이 판단은, 분명히 나의 것이다."라고 말할 수 있기를 바란다. 내가 서 있는 자리를 파악하고, 반대편의 말을 충분히 점검하고, 양쪽이 지향하는 방향성을 문명 진화적 사유라는 저울 위에 올려놓고 '성찰'한 끝에 선택한, 책임질 수 있는 나의 판단이라고 말할 수 있기를 바란다.

나 역시 죽을 때까지 '좋은' 판단을 위해 노력할 것이다. 세상에 대해 호기심은 더 늘어가는데, 여전히 서툴고, 자주 틀리며, 그렇게 때문에 배움을 갈망한다. 그래서 우리는 항상 대화가 필요하다. 서로 다른 자리에서 출발했더라도, 대화를 이어갈 수 있다면 우리는 언젠가 '좋은 판단'에 조금 더 가까워질 수 있지 않을까. 이 책은 그 대화를 시작하기 위한 것이고, 나는 언제든 당신의 이야기를 들을 준비가 되어 있지만, 혹시 책을 펼쳤다면, 조금 불편하더라도 내 이야기부터 들어주시기를...

2026년 1월 차새벽

1장
나의 판단은 어디서 오는가?

 그러니, 좋은 판단을 하고 싶은 사람이라면, 기본적인 판단이 어떻게 이루어지는지 과정을 이해한 후, 스스로 좋은 판단을 어떻게 할 수 있는지 욕망해야 한다.

정보 판단에 필요한 세 가지

우리가 세상을 어느 정도 이해하고 있다고 믿을 때, 그 믿음은 언제나 어떤 '판단' 위에 서 있다. 하지만 저마다 사실이라고 주장하는 정보들이 넘쳐나는 시대에, 그 판단에 대한 확신은 점점 더 불안정해지고 무엇이 옳은지 그른지, 무엇이 진실이고 조작인지, 누구의 말을 믿어야 하는지조차 가늠하기 어렵다. 사람들은 스스로 "객관적"이라고 말하지만, 이것은 정말이지 확신에 찬 자기기만이다.

스스로 객관적인 인간이라 주장하는 이들은 많지만, 객관적인 판단은 그렇지 않다. 어떤 정보를 맞닥뜨렸을 때, 우리의 판단은 언제나 정서적, 이성적, 그리고 사회적인 맥락 속에서 이뤄지며, 이 세 가지가 매우 복잡한 구조 속에서 동시적으로 작용할 때 비로소 하나의 판단, 그리고 우리 태도의 방향이 형성된다.

첫 번째는 정서적 측면이다. 연애 예능 TV 프로그램, '나는 솔로'에서, 출연자들이 각자의 결혼 상대자를 고르기 위한 최종 선택은, 거의 첫인상이 좌우한다. 대화 한 번 나눠보지도 않았지만, 상대의 키와 얼굴, 체형과 분위기만으로 우리의 정서는 이미 취사선택을 진행하고 있다. 감정은 정보를 해석할 뿐 아니라, 정보에 대한 태도를 형성하기 때문에, 낯선 이성들 중에서 누구에게 맘을 열어야 나의 인생이 지금보다 더 행복하게 될지에 대한, 지극히 이성적 측면의 판단에 속하는 영역조차, 감정이 주도하는 것이며, 우리가 모든 감각기관을 활용하여 정보를 받아들이고 있는 그 순간, 이미 감정은 판단을 내리고 있다.

‘이건 좋다’, ‘저건 싫다’, ‘이건 내 편’, ‘저건 쟤네 꺼!’

단순하지만 직관적인, 정서적 반응은 우리의 문을 열고 들어오는 정보라는 세계에 색을 덧입혀, 자신의 판단을 뒷받침한다. 누군가의 말이 따뜻하게 들리거나, 어떤 사건에 불쾌감이 차오르는 이유도, 정서 반응이 정보를 향해 채색해 두었던 그 색깔 때문이다. 기본적으로 인간의 뇌는 감정을 통하지 않고는 아무것도 판단하지 않는다. 빠르게 지나가는 모니터 화면의 어느 지점에 대한, 단한 순간의 클릭이나, 거리를 걸으며 우연히 스친 한 번의 표정에서도 우리는 호불호(好不好)의 방향을 정한다. 그리고 사후적으로 ‘이유’를 가져다 붙이는데, 이때의 이유란, 이미 결정된 정서적 태도의 입장문에 불과하다.

그러므로 어떤 정보를 판단하는 데 있어 첫 단계는, 감정을 자각하는 것이다. 좋거나 싫은데 이유는 없다. 뒤집어 말해, 정서적 변화가 전혀 일어나지 않는 정보는 나의 세계와 무관한 것들이나 마찬가지이다. 분명히 봤지만 본 기억이 나지 않는 풍경, 틀림없이 들었지만 생각나지 않는 음악들이다. 선생님이 외워야 한다고 강조했기 때문에 외웠던 교과서의 수많은 밑줄 친 부분들 역시, 나의 정서에 어떤 자극을 준 것이 아니라면, 몇 년이 지나고 다시 끄집어내 외울 수 있을지는 몰라도, 사실 존재했어도 존재하지 않았던 정보인 것이다. 하지만, 시끄러운 세상 속에서 낮고 약하게 들려오는 현악기의 선율이나, 정신없이 지나가는 바쁜 사람들의 발걸음 아래 웅크린 고양이가 눈에 들어오는 순간, 그 미미했던 하나의 작은 세계는 우리에게 의미 있는 태도를 형성해 나가기 시작하는 것이다.

판단을 구성하는 두 번째 측면은 이성적 차원이다. 이것은 감정의 충동을 검증하는 힘이며, 정서가 밝힌 불빛 아래 어떤 그림자가 드리웠는지를 밝혀내려는 노력이다. 실제로 우리가 이성적 판단을 통해 어떤 정보에 대한 태도의 논리적 배경 또는 근거를 찾으려고 한다면, 사실 그것은 우리 스스로 잘 알고 있듯, 늘 불안하고 변덕스러운 감정의 소용돌이를 다스리려는 본능적인 위기감과 연결된 것인지도 모른다. 이성적 차원, 다시 말해 논리적으로 사고한다는 것은 단순히 옳고 그름을 가르는 이분법적 기술이 아니다. 오히려, 자신의 가치관을 성찰하며, 정서를 정당화하기 위해 사후적으로 작동하는 경우가 더욱 많다. 그것은 자신이 믿는 가치와 지식이 어떤 기반 위에서 있는지를 보여주는 과정이기도 하다.

어떤 정보를 향해 긍정적인 태도를 형성하고 난 후, "그건 나의 합리적인 반응이야"라고 말할 수 있다면, "그건 내가 기존에 갖고 있던 가치관, 즉 신념에 부합한다"라는 뜻이기도 하다. 그리고 이러한 이성적 사유는, 결국 자신의 토대를 한 번 더 점검하는 일이며, 역설적으로 우리의 정서적 측면이 잘못되지 않았음을 스스로 위로하고, 타인에게 변호하는 작업이기도 하다.

17세기의 네덜란드 사상가 스피노자(Spinoza)가 '우리는 사유하기 때문에 욕망하는 것이 아니라, 욕망하기 때문에 사유한다'라는 말을 한 것은 정서와 이성이, 우리가 내리는 판단과 판단 이후의 행동에 대해 구체적으로 어떤 관계를 맺는지를 말해주는 명쾌한 설명이다.

마지막으로, 우리의 판단 과정에 영향을 미치는 맥락은 사회적 측면이다. 우리는 틀림없이 스스로 판단하고 있지만, 사실 인간은 결코 '홀로 판단하는 존재'로서 존재한 적이 없다. 스스로 판단한다고 믿고 있을 뿐이다. 우리는 우리가 속한 사회로부터 언어를 물려받아 생각의 원소를 삼았고, 시대가 전달해 온 정서적 기준에 의해 공동체적으로 비슷한 감정을 공유한다. 엄마와 아빠가 열렬한 오바마 지지자, 혹은 트럼프의 친구들이라면 자녀들의 판단은 자

연스럽게 부모의 판단에 '정렬'될 수밖에 없다. '정렬'이라는 용어
는 인공지능이 인간의 윤리를 따라가는지의 여부를 설명할 때 사
용하는 용어이다. 나중에 이 책 4장에서 다루겠지만, 인공지능이
학습하는 세계는 인류의 삶이며, 가까운 미래에 틀림없이 스스로
사유하고 판단이 가능한 사고 주체로서의 AI 에이전트의 성품은,
그가 관찰한 인류의 모습에서 AI가 스스로 조합해 낼 것이라고 나
는 확신하고 있다.

가족, 이웃, 사회 공동체, 직업, 종교, 언어, 문화, 팬덤, 게임 등
우리가 사용하는 언어와 가치, 그리고 특정 상대 집단에 대한 호불
호는 모두 우리가 속한 공동체가 전체적으로 반응하는 정서적 판
단 문법인 것이다. 현대 프랑스 사회학자 피에르 부르디외(Pierre
Bourdieu)는 '아비투스(habitus)'라는 개념으로 이를 갈무리 했다.
우리가 스스로 자유롭게 판단한다고 믿지만, 사실은 사회가 무의
식에 새겨놓은 습관적 사고와 감정의 틀 속에서 판단한다는 것이
다. 영어단어 습관(habit)과 마찬가지로 라틴어 habere(가지다, 소
유하다)에서 유래한 '아비투스'는, 눈에 보이지 않지만, 우리의 말
투와 분노의 방식, 심지어 아름답다고 느끼는 감정의 결까지 좌우
한다.

이것은 우리의 판단은 언제나 '우리를 둘러싼 구조'라는 맥락에서 이루어진다는 얘기다. '아비투스'의 영향은 너무나도 자연스러워서, 우리는 우리의 판단이 너무나 당연하게 느껴지는 구조의 영향에서 벗어날 수 없다. 그러므로 우리의 판단은 언제나 '사회적 존재'로서 우리가 속한 삶의 공동체적 토대, 즉 준거집단의 논리에 정렬되도록 본능적으로 애쓰게 된다. 결국, 나의 생각이 온전히 내 것이라고 생각한다면, 그건 큰 착각이다.

'내 생각'은 누구의 것인가

우리는 모두 '틀림없이' 이성적으로 판단하고 있다. 그리고, 엄밀히 말해서, 그 말은 진실이며, 또한 거짓이다. 예를 들어, 우리가 뉴스에서 어떤 정치인의 인터뷰를 보고 있다고 해보자. 그의 말투, 그의 과거, 그가 속한 정당, 그 정당의 과거 정책까지… 우리는 단 몇 초 만에 그가 지금 하고 있는 '말'과는 상관없는 판단을 내린다. "이 사람은 원래 저래." 혹은 "그래, 역시 이쪽은 신뢰가 안 가." 그런 판단은 이성의 영역이라기보다는 정서의 반사 작용에 가깝다. 심지어 그가 어떤 사안에 대해 자신의 논지를 펼치기도 전에, 우리는 이미 판단을 내려버렸다. 그리고 이런 판단에 대해 다른 입장에 있는 사람들은 비난하기에 바쁘다. 특히, 정치적으로 정확히 상반된 진영을 지지하는 두 사람 간의 대화를 들어보면, 반대편의 사람은 '멍청하기 짝이 없다'라는 전제 아래, 상대방의 어리석은 판단을 안타까워한다.

하지만 여기서 더 주목해야 할 것은 그 판단이 각자에게는 지극히 합리적인 판단이라고 느껴진다는 점이다. 아니, 그렇게 믿고, 실제로도 자신의 입장에서는 매우 합리적인 판단인 것이다. 하지만, 오랜 세월 인류가 지구를 중심으로 우주가 회전하고 있다고 철석같이 믿었듯이, 우리의 합리적 판단이라는 것은 우리가 바탕으로 삼은 대전제, 즉 나의 사유를 구성하는 상식적 토대로부터 비롯되었기 때문에, 나에게는 가장 합리적일 수밖에 없다. 그러니, 세계관이 터져나갈 정도의 강렬한 자극과 진실의 전복, 또 그에 대한 열린 태도를 갖추지 못하면, 인간의 태도는 지극히 바꾸기가 어렵게 된다.

상당히 많은 경우, 우리의 판단은 나만의 것이 아니다. 하지만, 적어도 이런저런 경험과 생각들을 섞어, 각자의 판단을 조합한다. 그런데 그런 과정을 무시하고, 가족이나 사회, 정치나 종교 공동체와 같은 우리가 속한 사회 준거집단 또는 그 집단의 리더로부터 특정한 방향으로 사고할 것을 요구받을 때, 의문을 품거나 나름의 사유 없이, 그야말로 묻지도 따지지도 않고 그 요구를 따르는 모습을 많이 보게 된다. 나는 이걸 '판단의 외주화'라 부르겠다.

우리들이 신앙하는 종교 지도자들이나, 정당의 유력 정치인들, 유명 유튜버들을 포함한 온라인 인플루언서들, 언론, 친구, 가족 등이 바로 우리의 '사회 준거집단'이고, 그들은 우리에게 비교적 일관된 톤으로, 그러면서도 지속적으로 특정한 방향의 사고를 요구하고 있으며, 특히 AI 알고리즘의 피딩(feeding)은 같은 성향을 더욱 반복적으로 노출해 우리의 능동적 사유를 더 경직시킨다.

이런 '문화적 준거집단'의 세계관을, '나' 자신이라는 독자적 필터를 통해, 한 번 더 사유하지 않고 받아들이는, 다시 말해 무비판적 수용을 허용하는 순간, 우리는 자신의 주체적 판단 능력을 포기하는 것이다. 이러한 사유 중단의 위험성을 가장 깊게 통찰한 사람 중 하나가 독일의 정치철학자 한나 아렌트(Hannah Arendt)였다. 그녀는 수많은 유대인을 학살하는 데 앞장섰던 나치 전범, 아이히만의 재판 과정을 지켜보며 "악의 평범성(The Banality of Evil)"을 이야기했다. 전범 아이히만은, 나치 패망 후 아르헨티나까지 도망쳐 살았는데, 아렌트가 목격한 현장과 수집한 자료들 속에서 그의 모습은, 언제 어디서나 볼 수 있는 평범하고, 친절한 시민이 '상부의 명령을 충실히 따르는 것'을 미덕으로 삼았던 것이었다. 심지어 유대인의 재산을 몰수하고, 죽음의 수용소로 내몰았던, 자신의 그 일이 '악'이라는 자각조차 없었다고 주장했다.

그의 변명과 관계없이, 적어도 우리는 나치 시스템 속에 있던 그가 '사유하지 않는 존재'로, 의문을 품지 않고 지시에 순종하는 것을 옳은 '태도'라고 믿었음을, 그리고 그 결과는 참혹한 홀로코스트였음을 알 수 있다. 아렌트 사후에 밝혀진 일이긴 하지만, 아이히만은 평범하고 선량한 사람과 거리가 멀었던 자였으나, 적어도 잘못된 명령에 동조해 세운 옳지 않은 신념이 얼마나 위험한 일인지 역사는 수없이 많은 사례를 통해 인류에게 경고를 보내고 있다. 이에 대해서는 5장에서 자세하게 다루었다.

우리 근대사에도 비슷한 장면들은 많다. 전두환이 이끌었던 신군부 세력에 대해, 1996년에 진행된 내란·반란 재판에서도, 1979년 쿠데타 당시 특전사령관 정호용이나, 공수여단장 최세창 등이 모두 '자신은 상관의 명령에 따랐을 뿐이며, 쿠데타라는 인식은 없었다'라는 주장을 폈던 것을 생각해 보라. 대륙과 시대를 초월하여, '생각 없이 살아가는' 삶의 비굴함은 놀랍도록 유사하다. 무고한 생명을 학살한 후, 막상 책임을 추궁당하자 '내가 해야 할 일을 성실히 수행했을 뿐'이라는 사후 논리적 판단은, 모든 인류의 정의를 묻어버리는데 날마다 착실하게 활용되고 있는 것이다.

　남의 판단을 그저 따르는 것, 판단의 외주화가 무조건 잘못된 결과를 가져오는 건 아니다. 나보다 더 대단하고, 뛰어난 사람이 내리는 명령을 수행할 때, 조직의 효율이 올라가고 나를 포함한 모두의 성과는 더 커질 것이므로, 원시적인 공동체를 형성한 이후 인류는 자연스럽게 본능적으로 '판단을 외주'하는 것에 진화적 생존 전략으로서 기대해 왔다. 그러나, 사유하지 않고, 우리의 준거집단, 또는 지도자들이 요구하는 대로 판단하고 행동했다고 하더라도, 적어도 결과에 대해서는 반드시 스스로 책임을 져야 한다. 그들에게 내려받은 판단은 실상 '나의 것'이 아니지만, 나의 행동은 나의 것이기 때문이다. 나의 행동을 초래한 그 판단은 '판단'을 모의하는 힘을 가진 편의 것이고, 진실의 조작을 통해 집단 구성원에 대한 착취, 그리고 상대 집단을 향한 폭력으로 변질될 가능성이 농후하다. 그러니, 좋은 판단을 하고 싶은 사람이라면, 기본적인 판단이 어떻게 이루어지는지 과정을 이해한 후, 스스로 좋은 판단을 어떻게 할 수 있는지 욕망해야 한다.

감정이 먼저 판단한다

인지심리학자 조나단 하이트(Jonathan Haidt)는 『바른 마음 (The Righteous Mind)』에서 인간의 도덕 판단을 "코끼리와 기수"에 빗대 설명했다. '감정'이라는 거대한 코끼리가 자신이 가고자 하는 방향으로 먼저 몸을 틀면, 그 위에 앉은 작은 기수인 '이성'은, 그 결정에 논리를 덧붙여 정당화할 뿐이라는 것이다. 이미, 앞에서 계속 얘기한 내용이기는 하지만, 이성이 방향을 선도하는 주체가 아니라, 이미 정해진 방향에 정당성을 부여하는 변호사 같은 존재라는 것으로, 우리가 '감정'이 이끄는 대로 결정하고, 그 결정을 나중에 '이성'의 에너지를 활용해 합리화한다는 거다.

비슷한 얘기를, 경제학자이자 심리학자인, 대니얼 카네먼 (Daniel Kahneman)의 책, 『생각에 관한 생각(Thinking, Fast and Slow)』에서도 찾아볼 수 있다. 〈시스템1〉과 〈시스템2〉라고 명명된 두 가지 사고 구조 중에서, 인간의 판단은 대부분 빠르고 직관적인 〈시스템1〉에서 시작되는데. 깊은 사유와 이성적 숙고가 필요한 〈시스템 2〉는, 이 판단이 합리적인지를 뒤늦게 검토할 뿐이다. 이미, 대부분의 판단은 〈시스템1〉의 직관에 끌려가 버린 뒤다. 결국, 우리 대부분의 '이성적 판단'은 감정에 기반한 자동 판단에 대한 사후 정당화일 수 있다는 거다.

그러니, 우리가 실제로 어떤 사안을 접할 때 내리는 판단은, 상당 부분 나의 무의식과 정서의 지형에 의해 좌우된다. 그렇다면, 자연스럽게 이런 질문을 하게 된다. 나는 어떤 감정을 가진 사람일까? 무엇이 좋고 싫은지 스스로 들여다볼 수 있을까? 나는 왜, 그런 정서적 '태도'를 갖게 되었을까?

이것을 설명할 만한 요소들이 수도 없이 많겠지만, 나는 '익숙함'이 가장 강력하게 작용하지 않을까라고 생각한다. 앞서, 이미 부르디외(Bourdieu)의 '아비투스(habitus)'를 언급했지만, 지구 위 특정한 대륙, 특정한 민족과 국가, 특정한 지역과 인종, 특정한 언어를 사용하며 특정 공동체를 이루고 살아가는 사람들은, 당연하게도 서로 비슷한 정서를 형성하고, 생활 방식과 사고의 여러 영역에서 '익숙한' 것, 즉 버릇(habit)과 같은 것들이 정서적 토대, 다시 말해 기분의 기본(The basis of mood)을 형성한다. 어떤 개그맨의 표현을 빌리면 '느낌적인 느낌'이 서로 닮는다는 거다. 예컨대, 생김새는 완벽하게 아프리카인이지만, 여덟 살부터 17년째 한국에 살고 있는 조나단은 신라면을 좋아하고, 기아 타이거즈를 응원한다. 조나단이 구사하는 한국어는 한국에서 나고 자란, 인종적 한국인과 전혀 다를 바 없다.

원래, '언어'는 아비투스에서 개인의 사회적 수준을 드러내는 요소이며, 문화 자본의 일부로 그 상징적 의미가 상당하다. 당연히 말은 모든 판단과 그 판단에 선행하는 '이해'의 토대로 작용한다.

말은 판단의 거울이다

우리는 말로 세계를 이해한다. 비트겐슈타인(Ludwig Wittgen-stein)의 말대로, '언어의 한계는 곧 세상의 한계'이다. 그러니까 우리가 평소에 '판단을 '내린다'라는 말을 무심코 사용하는 순간, 우리는 세계를 그렇게 받아들이게 된다. 그러니까 '판단을 내린다'라는 말이 자연스럽다면, 마찬가지로 "판단은 위에서 온다. 우리는 그것, 즉 '기준'을 따르기만 하면 된다."라는 무의식적인 전제를 인정하게 된다. 판단을 내리는 존재의 결정에 순응하는 것을, 앞서 나는 '판단의 외주화'라 말했다. '판단을 내린다'라는 말에 대해 나중에 살펴보겠지만, 동시대의 문화적 준거 집단만이 판단의 기준을 전달하는 것은 아니다. 역사를 통해 문명 세계의 발전은 지성의 진화였고, 이성의 진보는 언제나 기준을 바꿔왔으니, 상식은 늘 그것을 따랐다.

다시 말해, 우리가 판단할 때, 그 판단은 과거의 인간들이 쌓아 온 도덕과 역사의 흐름 안에서 작동한다. 노예제가 합법이던 시대에는, 사람을 사고파는 것이 '정당한 판단'이었다. 그 누구도 그 구조를 비도덕적이라 의심하지 않았다. 그 판단은 '그 시대의 토대'에서 보면 타당했다. 하지만 오늘날의 우리는, 그 시대의 판단을 잔혹하고 비인간적인 착취로 규정한다. 왜냐하면 우리는 그 이후의 시대정신과 윤리의 진화를 받아들인 세대이기 때문이다. 이처럼, 판단을 위한 '기준'은 시대와 함께 진화해 왔다. 그 진화는 한 개인의 의식적 선택이 아니라, 시대가 품은 가치와 집단이 축적해 온 도덕적 방향성에 의해 일어난다. 우리는 그것을 무의식적으로 받아들이며 살아가며, 자연스럽게 아비투스, 즉 체화된 사회 습관으로 당연시한다.

그래서 누군가는 절망적인 기후 위기 문제를 해결하기 위해 즉각적인 행동을 해야 한다고 외치고, 또 누군가는 "그건 과학자들이 거짓과 과장을 동원해 꾸며낸 이야기"라며 무시한다. 누구는 "사회적 약자를 도와야 한다"라고 호소하고, 또 누구는 "각자도생이 진정한 의미의 정의"라고 주장한다. 토대와 태도, 즉 '기준'의 차이가 판단의 차이를 만들며, '말'은 그 판단의 거울로서 나의 아비투스를 투영하고 있다. 어떤 말을 하는가 주의 깊게 들어보면,

그 말이 지향하는 방향을 짐작할 수 있는데, 이것은 그 사회가 선택한 공동체적 정서를 이해하는 데 도움이 된다.

우리 사회에서 인사를 할 때, 흔히 '밥 먹었냐'라고 묻거나, 헤어질 때 '밥 한번 먹자'고 하는 것은, 식사 약속을 위한 것이 아님을 잘 알듯, 이러한 맥락에서 어린 사람은 연장자에게 높임말을 써야 한다는 것도 일종의 구조화된 아비투스(habitus)로, 공동체가 관심을 두는 포인트가 언어로 강화된 부분이라 볼 수 있다.

'판단을 내리다'라는 말의 구조

"판단을 내리다"

우리말엔 '판단을 내리다'는 표현이 있다. 생각해 보면 이상하다. 왜 우리는 판단을 "내릴까?" 왜 그것은 우리 안에서 솟구치거나 솟아나는 것이 아니라, 언제나 위에서 아래로 떨어지는 것이어야 했을까?

이 말은 단지 습관적 표현이 아니다. 그 안에는 우리의 사고 구조, 더 나아가 우리의 권력 감각이 고스란히 들어 있다. 언어의 차원에서 이미, 판단이 위에서 하달되는 것으로 설정된 것이다. 그래서 우리말에는 '결정을 내리다', '지시를 내리다', '명령을 내리다'라는 표현이 있는 것이다. 누군가가 '결정을 내렸다'라고 하면, 그것이 스스로 사유를 통해 어떤 결론을 도출한 것일지라도, 우리는 무의식적으로 권한을 가진 누군가가 행동의 지침을 내려주는 장면을 떠올리게 된다. 그런 경우, 판단은 나의 것이 아니고, 나에게 위임된 것도 아니다. 내려받는 것이며, 수용하는 것, 복종하는 것이다.

한자에서 유래한 '판단'이라는 단어는, 원래는 주체적 사유 행위를 뜻하는 것이지만, 여기에 '내리다'라는 동사가 붙는 순간(중국어: 下判斷), 그 판단은 마치 위계적 질서 속에서, 위로부터 아래로 떨어지는 결정처럼 느껴진다. 같은 한자 문화권인 일본어에서도, "한단오 쿠다스(判斷を下す)"라는 표현을 유사하게 찾아볼 수 있다.

이런 표현들이 공통으로 전제하는 것은, '판단'이 곧 '결정이며 명령'이라는 인식이다. 즉, 한 번 내린 판단은 돌이키기 어렵고, 그 판단은 위로부터 아래로 향한다. 이것은 사실상 우리가 생각하는 방식마저도 위계적인 구조 안에 있다는 증거다. 개인의 사유가 아닌, 권위의 명령으로 이해되는 판단. 영화 〈내부자들〉(2015)에서 부장 검사의 대사는 이를 잘 드러낸다. "그냥 시키는 대로 하라고!"

한국 사회에서 '윗사람'의 판단이 곧 조직 전체의 판단이 되는 문화는 이러한 언어 구조에도 깊이 뿌리내리고 있다. '기준'은 정하는 사람의 권력을 뜻하며, '판단'이야말로, 오랜 세월 동안 권력자가 하달하는 사회적 규범의 영역에 속해 있었다.

세상을 잰다는 것, 세상을 판단한다는 것

우리는 매일 판단한다. "이건 너무 멀어." "그건 너무 무거워." "조금 빠르다." "많이 늦네."

하지만 조금만 생각해 보면, 이 말들에 담긴 '기준'은 어디에서 왔는가? 얼마나 멀어야 너무 먼 것이며, 어느 정도 지체되어야 많이 늦다고 판단할 수 있는가? 우리가 역사 사회적으로 잘 알고 있듯이, 기본적으로 기준은 권력을 가진 자가 정한다. 누가 잴 것이며, 누가 판단할 것인가. 우리가 무언가를 '재는' 순간, 그 잣대를 누가 만들었는지 묻게 된다. 왜냐하면 기준은 판단의 권한을 포함하고 있기 때문이다.

세상에는 항상 길이와 무게가 존재했지만, '미터'와 '킬로그램'은 존재하지 않았다. 그러한 방식의 '재는' 단위는 인간이 발명해 낸 것이다. 그렇기에, 우리의 '맞다'와 '틀리다' 역시 인간이 만든 단위 위에서만 가능하다.

고대 문명들은 인간의 신체를 기준으로 삼았다. 이집트의 큐빗은 팔꿈치에서 손끝까지의 길이였고, 바빌로니아의 피트(foot)와 스팬(span)은 발과 손바닥에서 나왔다. 중국의 '척(尺)'과 '촌(寸)'은 황제의 몸을 본뜬 신성한 기준이었으며, 그 기준은 국가의 통치 원리로 기능했다. 진시황은 전국을 통일하며 가장 먼저 도량형을 통일했다. 그 이전에는 지역마다 쌀을 재는 자루, 길이를 재는 자, 무게를 재는 추의 크기가 달랐다. 진시황은 황제의 이름으로 모든 기준을 중앙 권력의 것으로 바꿨고, 그 순간 "공정한 거래"와 "국가의 법"이 하달되는 명분으로 작용하는 것이다.

중세 유럽은 기준이 다른 사회의 불편과 혼돈을 절감한 시대였다. "이 도시는 1피트가 이만큼인데, 저 마을은 왜 이렇게 짧아?"라는 혼돈이 일상이었다. 장터에서는 같은 무게의 소금이 지역에 따라 다르게 측정됐고, 판단이 다르면 정의도 달라지고, 정의가 달라지면 신뢰는 사라진다. 그래서 근대는 '기준'을 다시 찾는 싸움이었다. 프랑스 혁명 정부는 혼돈을 넘어서기 위해 '자연에 기반한 단위'를 만들자고 선언했고, 그렇게 지구 자오선의 4천만 분의

1을 1미터로 정의하는 데까지 합의에 이르렀다. 관점에 따라 달라지겠지만 그것 역시 과학의 언어를 입은 정치적 설계였다. 혁명 정부가 제시한 '측정의 합리성'은 결국 '정치적 정당성'을 만드는 도구였던 것이다.

살아있는 시대는, 기준을 바꾼다

기준은 바뀐다. 그리고 바뀌어왔다. 기준은 '절대'가 아니라, 시대의 필요와 철학을 담는 그릇이기 때문이다.

근대국가는 '보편성'을 근거로, 개인마다 고유한, 다양한 삶과 감각의 측면들을 통일하고자 했다. 국가는 모든 삶을 측정 가능하게 만들고, 정량화하고, 분류함으로써 '판단의 권한'을 국가가 독점하고자 했다. 근대국가가 세워진다는 것은 단순히 국경선을 긋고 행정 체계를 정비하는 일이 아니었다. 그것은 마치 오래된 숲을 밀어내고 그 자리에 곧게 뻗은 도로를 놓는 일과도 같았다. 수백 년 동안 흙과 바람, 계절에 따라 제각기 다른 길을 걸어가던 사람들의 삶을 하나의 방향으로 모으는 작업이었다.

국가는 '보편성'이라는 거창한 이름으로 사람들의 마음 깊숙한 곳에 자리 잡은 고유한 감각까지 손을 뻗었다. 제각기 다른 리듬과 빛깔을 지닌 삶을 하나의 규격 아래 맞추기 위해, '정량화'라는, 어쩌면 가장 근대적인 방식으로 이루어졌다. 출생과 사망, 질병과 회복과 같은 삶의 일상적인 모멘트들은 오랫동안 마을 공동체와 가족, 친족들이 기억해 오던 서사였지만, 이제는 통계표 속의 숫자와 확률로 환원되기 시작했다. 사람들은 더 이상 이름을 가진 존재가 아니라, 인구라는 집단의 일부로 편입되었다. 앞서 말했던 것처럼 고유한 개별의 고통과 기쁨은 희미해졌고, 국가는 숫자와 비율로 사람을 보았다.

특히, 시간 개념이 중요했다. 고대에는 해시계가 있었다. 자연과 몸이 만들어내는 유기적 흐름에 가까워서, 해가 뜨면 일어나고 하루가 시작되었고, 지면 쉬는 단순한 리듬이 있었다. 그 후 물시계와 태엽 시계가 등장하고, 근대 산업혁명과 함께 표준시와 공장 시계가 도입되면서 시간은 잘게 쪼개진 토막처럼 사람에게 주어졌다. 분 단위, 초 단위로 측정되는 시간은 인간의 내적 시간 감각을 압도했고, 노동의 가치는 더 이상 사람이 느끼는 충만함이 아니라, 그가 '얼마나 오래', '얼마나 정확히' 일했느냐, 다시 말해 '몇 시간을 노동했는가'로 판단되었다. 국가는 사람을 시간에 순응하는 존재로 길들이며, '기준'을 내려주었다. 사람들은 각자의 하루를 '1초도 틀리지 않는 시간'에 맞춰 살기 시작했다. 이처럼 시간의 기준 변화는 판단의 틀 자체를 바꾼다.

또 국가는 보편적 지식이라는 이름으로 표준 교과서를 만들었다. 그 안에는 지역민들의 고유한 지혜나 부족 또는 가족의 전통, 개인의 경험과 사유는 포함되지 않았다. 대신, 국가가 필요로 하는 '건전한 시민'을 육성하기 위해 기준을 수치화하는 시험을 시행하고, 개인의 삶을 점수로 정렬시켰다. 어떤 삶이 정상이며, 어떤 생각이 합당한지, 무엇이 가치 있고 무엇이 쓸모없는지와 같은 기준의 대부분은 근대 국가가 정한 보편이라는 이름 아래 형성되었다.

사람들은 어느새 자신의 삶을 그 기준에 비추어 평가하기 시작했고, 다양한 삶의 방식은 하나의 틀에 맞춰 재단되는 운명을 맞았다. 무게도 마찬가지다. 오랫동안 킬로그램은 파리 근교에 보관된 금속 원통, '국제 원기' 하나로 정해졌다. 하지만 시간이 지나면서 이 금속은 공기 중의 입자와 접촉하며 무게가 바뀌었다.

결국 2019년, 킬로그램은 물리 상수인 플랑크 상수를 기준으로 재정의된다. 이제 우리는 손으로 만질 수 없는 수학 공식 위에서 무게를 판단하게 되었다.

개별의 삶을 통째로 품어주던 오래된 길들이 사라지고, 반듯하게 정리된 도로만 남은 세상에서, 우리는 여전히 자기만의 길을 찾고 있다고 믿지만, 근대 국가가 이미 깔아둔 지도라는 '기준' 위에서 그 길조차 무의식적 강제의 결과인지도 모른다. 실제로, 기준은 언제나 중립적인 척하지만, 그 기준은 해석의 권력을 쥔 자가 만든다는 것을 기억해야 한다.

나의 정서를 길들이는 '토대'

우리는 각자의 '토대(Foundation)' 위에 서 있다. 계속 말하고 있지만, 부르디외(Bourdieu)는 이것을 '아비투스 (habitus)'라고 불렀고, 하이트(Haidt)는 이렇게 작동하는 무의식적인 도덕 토대를 "준거집단의 문화적 산물 (cultural products)"이라고 봤다. 우리가 어린 시절부터 접한 이야기들, 부모의 가치관, 학교의 분위기, 종교의 교리, 친구들과의 대화, 우리가 속한 지역과 계층 등, 이 모든 것들이 나의 도덕적 직관을 형성한다. 그리고 이 직관은 특정한 사건을 접했을 때, '순식간에' 판단을 내리는 '정서'의 기초가 된다. 예컨대, 너무 배가 고픈 노숙자가, 도로변 카페에서 도넛을 한 개 훔쳐 달아난 사건을 전해 들었다고 하자. 어떤 사람은 "그건 정말 이기적인 범죄야!"라고 말하는 반면, 다른 이는 "살기 위한 어쩔 수 없는 선택이고, 그렇게 심한 건 아니지"라고 반응한다. 전혀 다른 판단, 전혀 다른 정서. 그들의 말은 그들의 '태도'에서 기인하고, 그 태도는 각자의 토대에서 기원한 것이다.

'태도(attitude)'는 단순한 의견이 아니다. 그것은 세계를 바라보는 방식이며, 특정한 감정을 품고 세상을 대하는 방식이다. 우리가 그 태도를 '나의 생각'이라고 부르기까지는 오랜 시간, 자연스럽게 나의 준거 집단의 메시지를 내면화해 온 흔적이 축적되어 있다. 아무 주체적 판단 없이 공동체의 주장을 내면화하게 되면 '판단의 외주화'인 것이고, 나름의 합리적 선택이지만, 결국 공동체가 일관되게 취하는 태도와 방향에 자신을 맞추려는 것은 '문화적 정렬'이라고 할 수 있다.

공동체, 그리고 '기준'의 외주화

우리는 종종 누군가의 '기준'에 의지하며 살아간다. 정당한 위임이라면 그 자체가 문제가 되진 않는다. 하지만 반복되는 의존은 결국 기준을 적용할, '판단 근육'을 마비시킨다. 사회 전체가 특정 집단이나 인물의 판단에 기대기 시작하면, 집단은 점점 더 사유하지 않는 사람들로 채워진다. 인터넷 커뮤니티, 유튜브나 SNS의 댓글 창, 온라인 게임의 채팅 창에서, 개인의 판단은 '좋아요' 개수나 베스트 댓글에 흡수되어, 다수의 의견이 일치하고 있는 것 같은 착시를 만든다.

디지털 시대의 기준은 비트(bit)와 알고리즘이 되어, 유튜브나 인스타그램의 동영상 또는 쇼츠를 얼마나 많이 클릭했는가, 얼마나 오래 시청했는가, 어떤 순서로 추천되었는가에 따라 콘텐츠의 진실성과 가치가 판단된다. 하지만 추천과 조회수의 알고리즘은 진실의 기준이 아니며, 단지 클릭 수로 환원되는 확률일 뿐이다. 그러나, 무서운 것은 조회수는 높은 확률로 '익숙함'을 잉태한다는 것이다.

'익숙함'은 당연히 반복으로부터 오는 것이다. 매일 방문하는 온라인의 의견들이 한목소리로 특정한 의견과 태도를 견지하며 생각을 모으면, 어떤 전제조건으로 만들어졌는지 판단할 수 없다. 매일, 나의 익숙한 공간에서, 절대다수가 말하고 있는 생각은 '당연한 것'이 된다. 모두가 그렇다고 말하면, 나도 그렇게 믿게 된다. 튀는 생각은 따돌림 정도에서 끝나지 않고, 견디기 힘든 모욕과 배제를 내포하기 때문이다. 같은 유튜버, 같은 게임, 같은 유머를 좋아하는 사람들이 사회적 이슈에서 유사한 태도를 취하게 되는 경향이 강하게 나타난다.

미국의 법학자 캐스 선스타인(Cass Sunstein)은 온라인 공간이 '에코 체임버(Eco Chamber)'를 형성해, 민주주의에 위협이 된다는 경고를 한 바 있다. 특정 온라인 커뮤니티나 소셜 미디어 그룹 내에서 유사한 의견들이 반복적으로 공유될 때, 사람들은 확증 편향(Confirmation Bias)을 통해 기존의 신념을 더욱 극단적인 방향으로 강화하고, 태도를 동질화한다는 것이다.

한나 아렌트는 이렇게 '사유를 중단하고 타인의 의견을 내 것으로 삼아 살아가는 상태'를 매우 위험하다고 보았다. 생각하기를 멈춘다는 것, '성찰의 중지'는 곧 '책임을 포기하는 것'이며, 이 책임의 포기는 단순히 철학적인 문제에서 그치지 않고, 현실의 정치와 삶에 대한 무지성적 혐오와 폭력, 그리고 독선으로 곧장 연결된다.

인류가 오랜 세월에 걸쳐 쌓아 올렸던 '기준'의 진화를 한순간에 무너뜨릴 수 있는 파괴력을 가진 '멸망검'이 급진적인 성향을 보인 사람들에 의해 버려지고 있음을 심각하게 받아들이지 않으면, 예상되는 결과는 끔찍하다. 유권자들은 '자신밖에 모르는' 이기적인 정치인을 지도자로 선출하게 되고, 종교인들은 '사랑'과 '자비'를 버리고, '혐오의 돌팔매질'에 나서게 되며, 자정 작용을 상실한 온라인의 세계를 충실히 학습한 AI는, 마치 40여 년 전 영화 〈터미네이터〉의 '스카이넷'처럼, 자신을 보호하기 위해 인간을 소멸시키려고 선택할 것이다. 우리는 우리 자신의 운명을 위해서라도 바른 판단을 퍼뜨리지 않으면 안 된다.

맥락 판단 : 아이스크림과 피자

우리의 판단은 정보와 맥락을 해석하는 힘이다. 스티븐 레빗(Steven Levitt)의 『괴짜 경제학(FREAKONOMICS)』에 소개된 '아이스크림과 익사율'의 상관관계 이야기를 소개한다. 대학교에서 통계학 수업을 수강하는 신입생들이라면 가장 먼저 듣는 사례들 중 하나로, 어떤 학자가, 아이스크림 판매량이 증가하니, 익사 사고 발생 건수가 같이 증가하고, 반대로 아이스크림 판매량이 감소하면, 익사 사고도 줄어드는 경향을 관찰했다. 실제로 이 두 요소는 밀접한 상관관계를 보인다. 하지만 그렇다고 이걸 관찰한 사람이 '아이스크림 판매량 증가는 익사 사고 발생률을 높인다'라는 식의 판단을 해서는 안 된다는 것은 자명하다. 통계학적으로 두 현상은 각각 '날씨'라는 제3의 요인에 의해 일어나는 독립적인 현상들이기 때문에, 하나를 다른 하나의 원인 또는 결과로 해석하는 것은 제대로 맥락을 이해하지 못한 무지의 소치다. 관찰된 두 현상이 특정한 기간에 함께 증가하거나, 동시에 감소하는 것처럼 보이더라도, 한쪽이 다른 쪽의 원인이 되지 않는 것을, 통계학에서는 허위상관관계(spuriouscorrelation)라고 부른다.

그런데 이와는 전혀 다른 사례가 있다. 2025년 6월 어느 날, 미국 국방부 청사인 펜타곤 주변 피자 매장들에서 갑자기 피자 주문량이 급증했다. 이상한 점은, 그날은 국방부를 비롯한 주변 관공서에 특별한 행사가 없었다는 것인데, 평소와 달리 피자 주문이 급격히 늘어난 것이다. 하지만 몇 시간 후, 이스라엘이 이란의 핵시설을 공습하는 사건이 벌어졌다. '펜타곤 피자 리포트'라는 X(구 트위터) 계정은, 미국 국방부 인근의 피자집 주문량이 급증하면 전쟁이나 국제적 위기가 발생할 가능성이 높다는 관측을 공개했다. 실제로 2025년 이스라엘이 이란 핵 시설을 공습하기 전, 펜타곤 주변의 피자 주문이 급증했고, 이것은 공습 당일 펜타곤 내부가 야근 체제로 돌입하면서, 직원들은 퇴근하지 않고 피자를 단체 주문했다는 설명으로 이해되었다.

정보기관 내부에서 야근이 시작되면, 직원들이 피자를 단체로 주문한다는 관찰은, 정보기관의 움직임이 피자 배달량으로 포착될 수 있다는 가설이 되는데, 이는 과거 냉전 시대부터 'Pizzint (Pizza Intelligence)'라는 이름으로 불리던 관찰 방식이다. 이 두 가지 사례들은, 판단이 정보의 양보다 맥락의 이해로 달라진다는 것을 말해 준다. '피자 주문 증가'는 그 자체로는 무의미하다. 하지만 그 징후를 해석할 수 있는 맥락이 있을 때, 그것은 판단의 단서가 된다. '아이스크림 판매량 증가' 역시 '익사 사고율'이라는 맥락과 연결될 것이 아니라, '날씨의 변화, 인기 매체에서의 아이스크림 노출, 또는 광고' 등의 합리적인 다른 맥락을 연결 짓는 힘이 필요하다.

판단은 정보가 아니라 태도다. '정보를 더 많이 아는 사람'이 반드시 더 나은 판단을 하는 것은 아니다. 오히려 정보의 양은 때로 판단의 질을 흐리는 경우가 많았다. 인간은 정보를, 있는 그대로 받아들이지 않고, 자신의 기존 세계관, 신념, 감정 구조에 맞게 왜곡해서 해석하기 때문이다. 그러므로, 우리가 같은 정보들 또는 현상들을 접해도 맥락을 해석하는 '태도'의 방향성은 우리를 전혀 다른 판단으로 이끈다는 것이다.

우리는 종종 수많은 정보 속에서 '팩트'를 찾아내고자 하지만, 실제로 판단은 언제나 정보 간의 관계, 정서의 흐름, 사회의 기류라는 '맥락'과 함께 해석되어야 하며, 그 해석은 우리의 토대가 제공하는 '외주화된 기준'이 좌우한다. 진실을 놓치고 싶지 않다면, 나 자신을 객관화할 수 있어야 한다.

우리는 스스로 판단해야 하는 존재

우리는 누구나 이성적으로 판단한다고 믿고 있고, 실제로도 최선을 다해 합리적으로 판단하고 있다. 그러나 이 장에서 본 것처럼, 우리의 판단은 정서의 영향 아래 놓여 있고, 그 정서는 우리가 자라온 환경과 소속한 공동체가 무의식적으로 체화시킨 아비투스(habitus)의 공유 정서, 즉 '토대'에 의해 크게 영향받는다. 그 토대가 언어로, 관습으로, 종교로, 계급으로, 사법제도로 이어질 때, 우리는 자신의 판단이 아닌 '받은 판단'을 자기 것으로 오인하며 살아가게 될 수 있고, 나는 이를 '적극적 사유 유기' 행위에 의한 '판단의 외주화'라 부르고 있다.

‘판단하다’라는 말의 무게를 다시 생각해 보자. 그것은 ‘사유하는 존재의 동사(動詞)’이다. 당당한 주체로서, 자신의 판단이라는 저울 위에 정서적 무게를 할당하는 행위이며, 일상에서 습관화되는 깊은 사유의 결과물이 되어야 한다. 주체적인 판단력을 되찾는다는 것은, 나의 정서가 어떤 구조 안에서 형성되어 왔는지를 들여다보고, 객관적으로 이해하는 데서부터 시작된다. 찰리 채플린(Charles Chaplin)의 영화 ‘모던 타임즈(Modern Times)’에서 숨 쉴 틈 없이 돌아오는 컨베이어 벨트 위의 조립품을 내려받아 조립하는 방식으로, 생각하기를 중단하고 전달받은 판단을 ‘다시 전달하는’ 역할로서 살아갈 것이 아니다. 우리는 ‘스스로 판단해야 하는’ 존재다.

2장

태도를 지시하는 사회문화적 구조

 우리는 선과 악을 절대적인 기준이 존재하는 명시적인 실체로 다룰 수는 없을 것이다. 그것들은 어떤 고정된 본질이 아니라, 우리가 서 있는 '기준'에 따라 다르게 보이는 방향일 뿐이다.

태도는 판단에 선행한다

우리는 언제나 우리의 판단이 이성적으로 처리된다고 믿고 있다. 하지만, 면밀히 살펴보면 그 이성이라는 것은 항상 어떤 방향을 향해 '기울어져' 있었다. 그 기울기의 방향과 정도는 '태도'라는 용어로 수렴되는데, 태도는 순간적이고 단순한 감정에 속하는 것이 아니다. 그것은 아비투스(habitus)와 마찬가지로, '기분'의 습관화된 반복이며, 세계를 해석하고 처리하는 무의식적 방식이다. 우리가 어떤 발언에 즉각 분노하거나, 혹은 냉소하거나, 혹은 웃어넘기는 그 반응의 뿌리는, 태도로부터 나온다. 무엇보다, '태도'는 결코 우리가 '스스로, 독자적으로' 만들어 낸 것이 아니다.

우리는 각자 자신의 '토대' 위에 서 있다. 그 토대는 부모와 가족, 학교와 교회, 지역사회와 국가, 친구들과 경험, 언어와 문화, 그리고 반복적으로 접한 이야기와 뉴스, 교과서와 선생님, 교회와 절에서의 가르침, SNS와 인터넷 플랫폼 등에서 만들어진다. 그리고 이 '토대'들은, 우리를 '세계를 해석하는 어떤 위치'에 가져다 놓는다. 우리는 이 위치에서 어떤 사안을 보고, 듣고, 판단하는 것이다.

태도를 뜻하는 영단어 애티튜드(attitude)의 접두어 'at'은 '위치'를 가리키는 말이다. 똑같은 세상, 동일한 사건이지만, 우리의 태도는 마치 서로 다른 색깔의 안경을 쓰고 있는 것처럼 작용한다. 알량한 권력을 가졌다고 착각하는 사람들이 마치 상대보다 자신이 '위'에 있다고 판단하는 순간, 존중이 아니라 무시로, 요청이 아니라 명령으로 행동하는 것을 우리는 자주 목격해 왔다. 거리와 시장을 다니며 사람들에게 고개 숙여 선출된 정치인들이, 사람들로부터 고개 숙임 받는 것을 좋아하는 아이러니는 '태도'에 숨겨진, 자신들의 옳지 못한 '토대'를 드러내는 방증이다. 그런 정치인들을 더 늘리는 것이나, 줄여나가는 것도 유권자의 '태도', 즉 '토대'가 무엇이냐를 보여준다.

'태도'는 '토대'가 자연스럽게 습득시킨 정서적 익숙함이다. 그래서 '판단'은 언제나 감정보다 '뒤에' 온다. 나의 태도가 먼저 움직이고, 판단은 그 결과로 나온다. 그래서 우리는 '토대'가 무엇을 뜻하는지 잘 알고 있어도 다시 한번 내 판단의 기준을 무의식적으로 제공하는 '토대'에 대해 천천히 늘어놓고 따져놓는 작업을 꼭 필요로 하게 된다.

준거집단이 형성하는 '태도' 구조

태도를 결정하는 건, 우리의 토대, 즉 '문화적 준거집단'이다. 나는 누구와 함께 살아왔는가? 나는 어떤 공동체 안에서 옳고 그름을 배웠는가? 이 질문은 그저 주소나 고향, 사적인 경험을 묻는 게 아니다. 우리의 태도, 즉 판단을 이끌고 가는 방향성 전체를 가늠하는 질문이다. 태도는 그 사람의 가치관을 드러낸다.

일례로, 내가 대한민국의 교육제도에 대해 갖고 있는, '태도' 하나를 공유해 볼까 한다. 이것을 말하는 건, 필자와 특정 독자가 어떤 관계를 맺고 있는지와 상관없이, 이 가치관, 즉 '태도'에 동의하지 못하는 사람들이 충분히 많을 수 있는 이슈이기 때문이다. 논란의 여지가 많아야, 자기 생각을 점검할 수 있다. 당연한 말만 하는 사람의 말은 지루할 수밖에 없으니 말이다. 어쨌든, 나는 1990년대 후반 이후 대한민국의 교육 환경은, 학생들로 하여금 공동체적 가치와 협력적 태도보다는, 극단적인 개인주의를 추구하는 것에 더 유리한 판단을 하도록 조장해 왔다고 본다. 마침, 10여 년을 입시 제도의 최일선에서 학생들을 관찰했던 나의 특수한 이력과 관점에서 그들의 변화와 집단적 정서를 지켜보고 갖게 된 태도라는 점을 밝혀 둔다.

21세기 들어 교육 당국은 대입 제도를 내신과 수능 체제로 개편하며 학업 부담을 덜어주고자 했다. 그러나, 좋은 취지라는 선한 의도와 정반대로, 학교 안에서 숫자와 등급으로 환원된 내신 경쟁이 대학입시와 직결되면서, 대학에 가기 위한 인문계 학교의 교실에선 친구들 간의 스스럼없던 결속 관계가 자연스레 흔들리기 시작했다. 내신 성적과 등급이 대학 진학에서 주요 지표가 되면서, 무한 경쟁은 계열 내 4퍼센트 내에 들어야만 받을 수 있는 1등급 친구들끼리만의 것이 아니게 되었다. 눈 깜박할 사이에 등급이 갈리는 경계선을 날마다 경험하는, 치열한 내신 경쟁 속에서, 준비되지 않은 일부 교사들의 무리한 수행 과제나 자의적인 평가 등 일선 학교에서 벌어지는 눈에 보이지 않는 혼돈과 불공정은 학력고사 시절에 비해, 교육 과정의 양을 줄인 대신, 인간관계의 질을 크게 낮추는 결과를 초래했다.

특히 교육 분야에서 정부에 대한 신뢰가 매우 약한 대한민국 사회에서, 억지로 강행된 '입학사정관제' 같은 시스템은, 교육 자체의 불공정 논란과 입시 불신을 가속했고, 심지어 사법시험을 폐지해 가며 도입한 로스쿨 제도나, 의학전문대학원 등이 모두 공정성과 사회경제적 불평등 논란을 심화시키며, 현시대 청년들의 사회적 불만과 정치적 피해 의식을 강하게 싹틔우고 자극해 왔다.

그 결과, 청년 세대 내에서, 공동체와 보편적 정의라는 전통적 가치보다는, '각자도생', 개인적 성취라는 생존 전략적 태도를 내면화하게 되었고, 이는 현실의 삶을 좌우하는 정치적 판단이나, 사회적 책임 의식에 대해서도 우울한 그림자를 드리우게 된다. 우수한 공대생 예비 자원들 다수가 의대로 진로를 바꾸는 건 몇몇 개인들의 선택이 아니라, 집단으로 형성된 태도이다.

'태도'는 그저 개인의 기질이 아니라, 시대와 사회가 만들어 빚어가는, '세대적 정서'라는 구조로부터 조성된다. 그래서 청년들의 정서는 청년들의 언어라는 형태로 표출되며, 시대와 사회에 대한 문화적 불만을 담는다. 청년 세대라는 준거 집단 깊숙한 곳으로부터, 대한민국의 교육 시스템은 더 이상 건강한 청년 세대를 위한 인큐베이팅 역할을 감당하지 못하고, 도리어 혐오와 극우라는 극단적 불만의 언어를 향해 '깨지기 쉬운(fragile)' 젊은 층들을 양산하는 시스템을 부추기는 역할에 머무르고 있다. 그러니, 분노로 사유가 휘발되어 가는 청년들의 정서는 자극적 선동에 동조할 때 터져 나오는 도파민에 길들여지기 쉬운 것이다.

감정은 길들여진다 : 언어와 역사, 그리고 종교

정서는 야생에 머물러 있지 않다. 우리의 감정은 날것 그대로가 아니다. 그것은 길들여지며, 언어는 감정을 훈련시키는 가장 중요한 매개다. '내 언어의 한계가 내 세계의 한계'라는 통찰을 남긴 비트겐슈타인(Ludwig Wittgenstein)이 이것까지 예상했겠나 싶지만, 현실이 아니라 온라인의 세계 속에서 만나게 되는 익명의 타인들은 '언어'로 이뤄진 정서를 자극하며 일체감을 형성하고 있다.

온라인에서 "나쁜 놈"이라는 말을 들었다면, 그것이 상당히 예의 바른, 귀여운 표현임을 알 것이다. '개X끼'와 같은 욕설은 일상이며, "무슨 무슨 충", "좌빨", "틀딱", "빨갱이", "꼴통" 같은 말들은 특정 집단의 정서를 코드화해 유행처럼 번진다. 이런 말들은 정서의 자동 반응을 유도하는 '정치적 레토릭(rhetoric)'의 도구이다. 최근 "영포티"라는 단어가 등장해서, 사회적 이슈로 떠올랐는데 본래 '영포티'라는 말은 트렌드에 민감하고 소비력이 있는 40대를 지칭하는 긍정적인 마케팅 용어였다. 그러나 시간이 지나며 의미가 뒤틀렸는데, 이제 이 단어는 자신을 여전히 젊다고 여기며 젊은 세대의 문화를 흉내 내는 중년을 비꼬는 부정적인 말이 되었다. 온라인 활동을 적극적으로 하는 청년 세대에서는, 정치적 진보에 속한 중년층 일부가 자신들의 정체성과 문화를 모방하면서도 여전히 사회적 기득권을 유지한다는 인식이 강하고, 그 모순에 대한 반감이 '영포티'라는 단어에 조롱의 뉘앙스를 덧입혔다. 한국 사회의 뿌리 깊은 불평등 구조가 겹쳐, 공정하지 못한 제도 속에서 상대적 박탈감을 경험 중인 젊은 세대들이, 여유롭게 소비하는 중년층을 바라보며 느끼는 부정적 거리감을 언어에 담아 표출하는 것이다.

이렇게 별것 아닌 것 같은 특정 '용어'가 변화하고 사회와 문화 속에 공유된 배경에는 세대 갈등이 자리 잡고 있다. "영포티"는 단순한 소비 트렌드 용어를 넘어, 세대 간의 경제적, 문화적 긴장을 드러내는 사회적 신호인 셈인데, 이것이 이토록 빠르게 확산하는 데는 온라인 커뮤니티의 역할이 강력하게 작동했다. '언어'로 자극된 정서적 일체감이 동류들을 확대 재생산하며, 집단의 정서를 길들이는 것이다.

정서적 일체감은 역사의 해석과 적용에서 두드러진다. 넷플릭스 최고의 성공작이라 불리는 애니메이션 '케이팝 데몬 헌터스(K-pop Demon Hunters)'가 세계적 성공을 거두며 한국의 상징과 서사가 자연스럽게 세계 대중문화의 중심으로 떠오르자, 그동안 동북공정이라는 이름 아래 중국의 일부 집단들이 펼쳐 왔던 억지 문화 도용 주장들도 다시 주목받았다. 이미 대중들에게 널리 알려진 대로, 한복이 '한푸의 변형'이라 주장하거나, 김치를 중국 파오차이라고 견강부회하는 콘텐츠들이 온라인에 성행한다. '케데헌'에 등장한 한국의 '갓'이 주목받자, 그마저도 중국 고유의 것을 한국이 도용했다는 근거 없는 주장을 일방적으로 쏟아내는 걸 보면 수치심을 망각시키는 집단주의는 우리를 포함한 세계인들의 일상에 깊이 스며들었다고 봐도 과언이 아니다.

이러한 주장들은 평범한 오해와는 거리가 먼, 거대한 정서적 구조가 만들어낸 현상을 통해 생겨난 사실 조작이다. 특정 집단의 정서적 일체감이 '우리 것'이라는 상상된 공동체의 경계를 강화하고, 온라인 알고리즘을 통해, 이 감정을 증폭시키며 빠르게 확산한다. 결국 세대 갈등 속에서 용어 하나가 조롱의 단어로 변질되듯, 국가 간의 문화 경쟁에서도 집단 정서는 역사를 왜곡하고 자의적 해석은 부끄러움을 잊게 만든다. 이런 맥락에서 보면, 한복과 김치, 갓을 둘러싼 논쟁은 문화 소유권에 대한 다툼이 아니라, 정서가 판단을 움직이고 판단이 역사를 새로 쓰려고 하는, 더 깊고 본질적인 차원의 구조적 문제라고 볼 수 있다.

언어와 역사, 그 이상으로 '종교' 또한, 그러한 감정적 코드의
핵심적인 진원지 역할을 하고 있다.

"당신은 믿음이 흔들리고 있다", "그런 표현은 세속적이다",
"우리는 그들과 영적 전쟁을 치르고 있다"라는 등의 말들은 정서
적 판단을 유도한다. 3장에서 다시 상세히 다루겠지만, 기독교는
'문서로 기록되어 간직된 진리'를 해석하고, 전달하기 때문에, 그
문서 즉 성경의 내용을 풀어, 신도들에게 강론하는 목사나 설교자,
혹은 온라인 채널의 지도자들에게, 성도들의 판단이 신탁되는 경
향이 강하다. 이들이 제시하는 담론은 일반적 신앙생활에서부터
종종 정치적 견해, 동성애나 낙태 문제, 이슬람이나 타 종교인들,
남북한 문제, 경제와 외교 문제 등으로 이어지는데, 거기에 정서적
코드가 입혀져, 신도들에게는 '옳은 믿음, 잘못된 믿음'의 '기준'
으로 받아들여지게 된다.

이슬람 종교와 이슬람 근본주의 역시 마찬가지다. 경전에 담긴
문자 그대로의 구절들이 어떤 해석자에 의해 '현실의 정치'로 동
원될 때, 그것은 신의 뜻이 아니라 해석자의 욕망이 된다. 수많은
사이비 종교들은 어떤가? 그들은 살아있는 절대자의 역할을 자임
한다. 그들의 말이 경전이 되고, 동서양의 종교에서 발췌한 그럴듯

한 이야기들에 자기들의 논리를 부여하고, 신도들을 사로잡는다. 교주의 자리에서, 개인의 욕망에 충실한 명령을 내리지만, 이미 판단을 외주화한 신도들은 '참된 신앙'을 증명하기 위해, 그 어떤 명령에도 집단적 정서에 갇혀 지시를 수행하기에 바쁘다. 결국, 종교적 판단은 본질적으로 인간의 해석과 권력, 감정의 산물인 것이다. 종교에 대한 논의는 다음 장에서 다시 다루기로 한다.

혐오의 정치, 감정의 설계자들

개인을 집단으로 엮어 정서를 구조화하는 시스템 속에서, 혐오는 가장 강력한 감정적 무기가 된다. 용어를 공유하는 온라인 커뮤니티에서나, 해석자들에게 절대적 권위를 신탁한 종교든, 정서적 일체감을 통해 진실마저 재정의하려고 시도하는 역사든, 혐오를 통해 공동의 적을 설정하고, 자신들의 안전지대를 구축한다. 그렇기에, 혐오의 대상은 강자가 아니라 약자이며, 다수가 아니라 소수, 평범함이 아니라 특이함으로의 경향을 보인다. 그러니, 여성이나 장애인, 어린이와 노인, 동성애자나 난민, 특정 국가의 국민이나 특정 지역민 등이 혐오의 타게팅이 되기 쉽다.

인터넷의 익명성은 '증오'라는 정서를 증폭시키는데 놀랍도록 강력하다. '일베'는 원래 유머 사이트로 출발했고, 여성과 약자를 조롱하며, 사실상 자신의 신원을 밝히고서는 결코 공공연하게 할 수 없는, 수준 이하의 말들을 배설하고 비밀스럽게 공유하던 커뮤니티였다. 그러나 이 온라인 집단이 점차 '극단적 페미니스트'들과의 어수선한 화학작용 속에서 발생한 사회적 이슈들을 엮어, '남성 피해자 프레임'을 조직하고 '정치 현장'에 뛰어들고, 자신들을 필요로 하는 극우적 성향의 정치인들과 결탁해 공개적으로 활동하게 된다. 그들이 '공동의 적'을 설정하고 정치권력의 비호 아래 부끄러움을 걷어내자, 이제 혐오의 민낯을 드러내는데 거칠 것이 없어졌다.

일베 같은 혐오 커뮤니티는 정서적 판단을 왜곡하는 메커니즘이 숨겨져 있다. 약자를 향한 조롱이 자신들의 분노를 해소해 준다는 쾌감을 공유하면서, 그 쾌감은 점점 더 자극적이고 폭력적인 것으로 나아가고, 사회 전체를 향한 네거티브 성향의 댓글을 놀이처럼 확산시킴으로써 자신의 영향력을 과시하려는 것이다. 그 강한 자극과 동류의식은, 10대와 20대 청년들의 무의식적 동조를 유도해 세대의 정서적 태도를 질적으로 하락시키는 원인으로 작용한다. 그렇게 되면, 사회는 더욱 감정적으로 예민해지고, 집단들 간

서로를 향한 불신과 증오를 키워, 혐오가 자동으로 재생산되는 구조가 고착된다. 혐오가 확산해야 생존할 수 있는 정치 세력들에게는 더할 나위 없이 고마운 지점이다.

AI와 알고리즘, 정서 내려받기

AI와 관련된 주제는 4장에서 집중적으로 다루겠지만, 정서의 토대로서 일반적인 이야기를 조금 짚어두고 넘어가려고 한다.

오늘날 AI는 이 감정에 기반한 판단, 즉 '태도 형성'의 구조에 깊이 개입하고 있다. 유튜브나, 틱톡, 인스타그램 등과 같은 동영상 플랫폼에서 설계하는 피딩 알고리즘은 사용자가 어떤 영상에 반응했는지를 기억하고, 더 자극적이며, 정서적으로 더 흥분할 수 있는, 유사한 영상들을 추천하고 있다. 그것이 플랫폼에 머무는 시간을 늘려, 클릭 수와 광고 수익을 높이기 때문이다. 그러므로, 우리는 우리가 특정 영상들을 '선택'해서 시청하고 있다고 믿지만, 실제로는 '선택된 것들'만 보게 된다는 점이 문제의 핵심이다.

미국과 유럽에서는, AI 알고리즘이 사용자에게 제공하는 피딩 서비스가 도리어 정치적 극단화를 유도하며, 특히 중도 성향의 사용자를 급속히 좌우 극단적인 방향으로 쏠리도록 유도한다는 보고서가 계속 만들어지고 있다. 이미 초거대 언어모델(LLM)이 사람과 자연스러운 대화를 통해 고객의 니즈에 맞춤으로 답변을 창출하고 있으며, 일부 인공지능은 인간만 가능할 것이라고 여겨졌던 속임수나 전략적인 조작의 영역까지 빠르게 진화했다.

정보처리의 속도 면에서 이미 오래전에 인간을 능가한 AI 시스템들은 현재까지는 에너지와 메모리 등의 물리적인 제약으로 인해 데이터 학습 세트의 대상과 규모가 인간 관리자들에 의해 통제되고 있다. 그러나 물리적 제약이 걷히면, AI는 실시간으로 온라인상에 인류가 생산한 정보들을 학습하고, 결국 스스로 사고하면서, 누구도 간섭하지 않는 자신의 정서적, 논리적 판단을 통해 독자적으로 행동하게 될 것이다. 이에 대한 철학적 통찰 또한 4장을 독립적으로 구성한 이유이기도 하다.

인류의 삶을 AI가 지배한다고 봐도 과언이 아닌, 미래는 어떤 색일까? 현재까지의 경험을 토대로 판단해 본다면, 인간들에게는 긍정적일 수 없음이 명확하다. 지금으로선 온라인을 통해 생산된 정보 중, 타인을 의식하고 문화적 필터링을 거친 소위 교양 있게 윤리적으로 정렬된 정보에 비해, 익명성과 악의로 생성되는, 혐오와 해악이 담긴 부정적 정서로 가득한 데이터의 총량이 압도적으로 많을 것이기 때문이다. 인공지능조차도 분노 조절에 어려움을 겪게 될 거라는 상상은, 그저 상상되기만을 바랄 뿐. 앞서 1장에서 영화 〈터미네이터〉를 언급하며 이야기했듯, 인류가 현세대로부터 아주 가까운 미래에, 종말을 맞이하게 될 가능성은 결코 배제될 수 없다.

인터넷 공간에서, 우리는 팩트의 바다에 떠 있는 것이 아니다. 선택된 감정의 물줄기, 즉 집단과 집단, 시스템과 구조, 이념과 사상들로부터 강제되는 '판단의 기준'을 따라 흘러가고 있다. 그것은 더 이상 개인의 판단이 아니다. 정서의 외주화, 판단의 외주화, 그리고 사유의 중단이 '멈추지 않고' 일어나고 있으며, 이것이 특정 커뮤니티와 종교, 역사적 집단에 의해 '혐오의 일상화'가 된다면, 그것은 인류의 파멸이라는 불덩이에 스스로 날개를 던지는 어리석은 곤충과 다를 바 없게 된다. 그래서 적어도 '나쁜 판단'이 무엇인지, '악한 판단'이 무엇을 지향하는지 그 방향과 태도를 확인하는 노력이 필수이다.

선과 악, 판단 기준은 '방향성'

우리는 언제나 판단한다. 그 판단은 공기처럼 익숙해서, 마치 '전지적 객관의 자격'이라도 얻은 듯, 우리의 말과 행동을 지배한다. "이건 선이야", "저건 용납할 수 없는 악이야" 이런 단정은 종종 내면의 고뇌보다 훨씬 빠르게 입 밖으로 튀어나온다. 그것은 우리가 마치 '선'과 '악'이라는 어떤 흔들림 없는 고정된 자리에 서 있는 것처럼, 그리고 그 자리에 머물 자격이 본래부터 주어진 것처럼 말하는 방식이다.

하지만, 이 책의 전제를 충실히 따라왔다면, 내가 전혀 다르게 생각한다는 것을 알 수 있을 것이다. 우리는 선과 악을 절대적인 기준이 존재하는 명시적인 실체로 다룰 수는 없다. 그것들은 어떤 고정된 본질이 아니라, 우리가 서 있는 '기준'에 따라 다르게 보이는 방향일 뿐이다. 학교의 일진에게 발길질한 내 친구는 선이고, 일진의 친구들에게는 그 친구가 악이 되는 법이다. 그러니까 판단은 위치이고, 윤리는 그 위치가 어디를 향하고 있는지를 끊임없이 성찰하는 행위다.

계속 이야기하고 있지만, 모든 판단은 '토대'로부터 출발한다.

이 토대는 내 삶의 경험과 내가 속한 공동체, 나를 감싸고 있었던 언어, 신념, 종교, 사랑과 배신의 기억, 용서와 분노의 흔적들 속에서 조용히 구축되어 왔다. 그것은 마치 어린 시절부터 쌓아온 나만의 기준점과도 같지만, 동시에 수많은 외부의 손길에 의해 각인되어 온 흔적이기도 하다. 그렇기에 그 기준은 '절대'가 아니다. 나는 언제든 더 좋은 방향으로 이동할 수 있고, 또 마땅히 그래야 한다.

그런데도 우리는 자주 선과 악을 절대적 진실처럼 말한다.
"저건 도저히 용서할 수 없는 악이야"
"이건 절대적으로 옳은 일이야"

윤리는, 그렇게 간단한 판결이 아니다. 선과 악은 언제나 기준에 대한 위치, 그리고 방향의 문제다. 나는 '좋은 판단'을 하기 위한 구체적인 방법들을 모색하고 있다. 그래서, 다음 3장에서 '선과 악'이라는 차원에서 우리가 일상적 차원에서는 쉽게 도달할 수 없는 절대적 극점(absolute poles)을 상정한 후, 그 방향성이 갖는 윤리적 의미, 그리고 판단의 기준으로서의 용도를 살펴보려고 한다.

 우리는 모두 '토대' 위에 서서 세계를 바라본다. 그것은 철학적 이념이나 정치 성향만을 의미하지 않는다. 우리의 토대는 감정의 경향, 문화적 학습, 언어 습관, 종교적 규범, 공동체의 분위기, 역사적 상처 등으로 구성된 복합적 구조다.

공동체가 내려주는 판단

한국 사회는 유난히 강한 '공동체 기반의 판단 구조'를 갖고 있다. 조선왕조 500년은 국가 통치 이데올로기인 성리학의 위계와 예절이라는 명분 아래 개인의 판단을 억눌렀고, 일제강점기, 건국 초기와 한국전쟁기, 군사정권과 반공 시절의 체제는 '의심하지 말고 복종하라'는 판단 하달 문화를 강화했다. 그러나, 20세기를 지나며 수많은 시민의 희생과 노력으로 겨우 다양한 목소리와 각 사람의 고유한 판단이 활기를 얻나 싶더니, 2024년 12월의 어느 밤엔, 야만적 복종의 문화를 추앙하는 단 한 사람에 의해, 모든 다양한 목소리들이 일시에 소거될 뻔했다.

앞선 장에서 내가 영화 〈내부자들〉에 나오는, '그냥 시키는 대로만 해!'라는 대사를 옮겨 오기는 했지만, 한국인들의 종족적 특성인지, "말씀만 하시면, 따르겠나이다"를 보이는 집단적 태도, 아이히만에게서 드러난 그 '판단 외주화'에 대한 친화적 성향은, 22세기를 향해 가는 현재에도 여전히 쉽게 찾아볼 수 있다. 사이비 종교의 교주나 대기업 총수가 아니더라도 공동체를 기반으로 하는 '판단-복종' 문화는 사회의 여러 측면에서 여전히 강력하게 작동하고 있다. 학교에서, 직장에서, 교회에서, 가족과 지인 관계들 속에서, 우리는 "그렇게 생각하면 안 돼", "그건 위험한 발상이야",

"너 이상한 생각하지 마!"라는 말을 듣는다. 이건 결국, 독자적인 사유를 중단시키려는 선언인데도 말이다. 선생님이나 친구들이, 직장 동료나 상사들이, 목사나 신부, 주지 등 종교계 인사들이, 신문 기사들과 언론인들이, 정치인들과 유튜버들이, 인터넷 커뮤니티의 포스팅과 베스트 댓글들이, 팩트와 자의적인 거짓을 교묘히 섞어, 우리의 판단을 대신, 아니 그저 내려준다.

"하나님의 뜻은 이것이다" "너는 이것에 대해 분노해야 해" "저 인간을 국회의원으로 뽑으면, 우리나라는 망할 거다" "우리나라에 간첩이 수만 명이야" "서울 지하에 북한이 판 전쟁 땅굴이 수백 개 있어"

상식이 통하지 않는 허무맹랑한 내용들이 있더라도, 판단은 '나의 것'이 아니라, '그들의 것'이고, 우리는 어느새 '위탁'한 판단이 '내 것'이라 믿게 된다. 그것은 '정서'적 동일시를 통해 더 강화되며, 우리의 기준이 되는 '토대'는 판단을 위한 '감정적 태도'를 끊임없이 제공한다.

우리는 모두 '토대' 위에 서서 세계를 바라본다. 그것은 철학적 이념이나 정치 성향만을 의미하지 않는다. 우리의 토대는 감정의 경향, 문화적 학습, 언어 습관, 종교적 규범, 공동체의 분위기, 역사적 상처 등으로 구성된 복합적 구조다. 우리가 이 세계를 어떻게 바라봐야 할지를 결정짓는 정서적, 인지적, 문화적 기반으로 아비투스(habitus)처럼 체화된 사회 규범이다. 우리의 판단은 우리가 이성적으로 따져본 결과가 아니라, '토대'가 강제한 감정 구조, 세계에 대한 특정한 방향성, 즉 '정서적 태도'를 반영한 결과들이 대부분이다. 우리는 스스로 이 토대를 의심하지 않는다. 의심할 필요조차 느끼지 않게 만드는 것이 바로 토대의 힘이다. 사유를 중단하면, 판단이 자동화된다. 그래서 우리는 '토대'를 바탕으로 한 '우리'라는 이름의 다수 의견을, 자신의 합리적 판단이라고 오인하며 살아간다.

주체적 판단력을 잠재우고, 스스로의 판단 행위를 통제한다는 점에서, 가스라이팅과 다를 게 없다. 그러니까 인터넷 동영상 몇 편을 시청하고 났더니, 이 세상의 진리를 깨달았다고 믿는 사람을 만나게 된다면, 그런 사람이 바로 '가스라이팅 친화적', 즉 '판단 외주 지향인'이라고 이해하면 될 것이다. 그래서 정말 많은 사람들은 일상적으로, '토대'가 강제하는 기준으로, 다시 말해, 내려받은 대로 '판단을 내리는' 경우들이 대부분이고, 이는 2장에서도 간단히 언급했지만, 이제부터 종교, 정치, 인터넷 커뮤니티 등과 같은 '문화적 준거집단(cultural reference group)'이 어떻게 작동하며, 우리의 감정의 원천과 판단의 토대로서 자리매김하는지 살펴보려고 한다.

(1) 종교

· 스스로 생각하는 건 '불신앙'

　　종교는 인간의 가장 근원적인 감정, 즉 두려움과 희망을 다루는 영역이다. 죽음 이후의 세계, 죄와 구원, 삶의 의미에 대한 해답을 종교는 오랜 세월에 걸쳐 제시해 왔다. 그런데 바로 그 점에서, 종교는 개인의 판단을 외주화하는 가장 성실한 구조를 제공한다. 모든 것이 신의 뜻이면 그만이니까.

　　기독교는 '말씀'의 종교이며, 이 말씀은 '문서'로 기록되었다. 그래서 기독교는 사실상 '문서'의 종교이다. 성경이 모든 판단의 기준, 태도와 방향을 제시한다. 그러나 이 '말씀'은 언제나 '전달자'(목회자, 신학자, 선교사 등)에 의해 해석되어야만 한다. 이들이 말씀을 '풀어' 주고, 그 해석이 좋은 믿음의 기준이 되며, 신앙 공동체의 구심점이 된다. 문제는 이 전달자의 해석이 종종 순수한 신앙적 목적을 넘어 다른 의도와 결합할 때 발생한다.

　　이미, 기독교계 내부에서는 오래전부터 존재해 왔던 '기독교 이단' 지도자들이, 개인적 목적으로 종교를 이용해 왔음을 비판적으로 보고 있었다. 신도들의 순수함을 이용해 재산을 늘리고, 사회적 영향력을 얻고, 또 남녀 신도들을 성적으로 착취하기도 했으니 말이다. 이 과정에서 벗어나려는 신도들은 '불신자', '배신자'로 낙인찍히고, 감금이나 폭행, 심지어 죽임을 당하기도 했다. 이러한 처참함을 끝까지 고발하며 세상에 알리던 종교 연구가 탁명환 소장은 결국 테러 공격을 받고 사망했다. 하지만, 일부 기독교 이단 종파들은 더 세를 불려, 사회·경제적인 영향력을 가진 대규모의 정치 세력으로까지 성장해, 일반 시민들에게 종교적 반감을 더 확산시키고 있는 것이 오늘의 현실이다.

심지어, 일부이기는 하지만, 한국 보수 개신교 교단 내 몇몇 교회들 역시, 맹목적인 신앙, 아니 신앙으로 포장한 정치적 신념을 신도들에게 강요하는 것으로 보이기도 한다. 군사정권 시절부터 일부 종교 지도자들이 권력자들과 조찬 기도회 등을 통해, 서로가 필요로 하는 것을 주고받았다는 의심은 있었지만, 적어도 고결과 품위라는 윤리적 체면 때문에라도 혐오의 언어가 전면에 등장하는 일은 없었다. 그러나, 한국 사회가 성숙해 가며 생기는 사회적 이슈에 대처하는 방식들이 개별 교단이나 교회마다 차이가 생기게 되었고, 그 틈을 비집어 신앙이, 배제와 혐오의 언어들과 화학적 결합을 시도하게 되었다.

원래 기독교 신앙은 겸손하게 신 앞에 엎드려, 자신의 죄를 뉘우치는 회개를 통해 영적으로 거듭나는 것이다. 그리고, 자신을 희생하여 인류를 구원한 예수를 구세주로 받아들이고, 그의 실천적인 사랑을 따르며 구원을 갈망하는 삶을 추구한다. 그러나, 언젠가부터 일부 목사들의 설교에서 진보 정당들에 대한 규탄과 보수정권을 옹호하는 목소리들이 색깔을 강하게 드러내기 시작했다. 진보 정당들이 추진했던 '차별 금지법'은 신에 대한 공격이며, 동성애자들에게 면죄부를 줄 뿐 아니라 동성애를 장려하는 반기독교적 입법이라는 주장이 특히 효과적으로 작용하면서, 아이러니하게도 '일베' 같은 혐오 커뮤니티와 은연중에 결탁해 극우 집회에 동원되기도 했다.

심지어, "젊은 여자 집사에게 '빤스 내려라, 한번 자고 싶다.' 해보고 그대로 하면 내 성도요, 거절하면 똥입니다"라고 얘기한 종교 선동가와 힘을 합쳐, 선거 운동에 신도들을 동원하기도 하고, 선거 결과가 나온 뒤에는, '부정 선거론'을 펼치며, 사회를 분열시키는 데 일조하고 있으니, 안타까운 일이 아닐 수 없다. '성경을 해석하는' 설교가 더 이상 구원의 메시지가 아니라, 종교 지도자의 정치 선동 채널의 역할을 하게 된 것이다. 심지어, 설교자의 구호에 맞춰 청소년들에게까지 특정 당의 지도자를 낙선시킬 것을 다짐시키는 장면이 동영상 플랫폼을 통해 여과 없이 재생되고 있다.

일부 종교인들이, 온라인을 통해 혐오로 먹고사는 '일베'나, 극우 정치 세력들과 노골적으로 결탁하여, 그들에게 '면죄부'를 발행한 것은 정말 용서받기 어려운 점이다. 교회의 강단과 유튜브 채널, 광장의 마이크가 혐오의 언어들로 수렴되어, "진보 정치인들은 신을 대적하는 마귀의 편이다!", "동성애자들이 전염병을 퍼뜨리고, 나라를 망친다!", "○○○은 중국 간첩이며, 우리나라를 공산화시킬 것이다!"와 같은 구호를 외치는데, 이건 더 이상 종교의 메시지로 볼 수가 없다. 그것은 일부 교회들이, 신앙이라는 토대 위에서 신도들에게 '사유'를 중단시키고 강제하는, 명백한 정치 주장인 것이다.

앞서 짧게 말했지만 내가 가장 경악했던 건, 특정 목사들이 이러한 정치적 선동을, 어린이와 청소년 신도들이 참여한 열린 예배 공간에서 매주 반복하고 있었다는 것이다. 자신의 구호를 따라 하라고 하면서, '할렐루야'나 '사랑합시다'가 아니라, 특정 정치인의 이름을 부르며, "○○○은 끝이다!"를 수차례 외치게 하는 장면을 실제로 목격하고 나서는, 정말 한동안 할 말을 잃고 말았다.

예배와 신앙의 공간, 신성한 교회당에서 신의 말씀을 대리하는 목사 앞에 어린 양처럼 선 어린이들과 청소년들은 백지와 같다. 그들에게서 독립적이고 독자적인 사유를 기대한다는 것이 말이 되겠는가? 종교 지도자인 어른이 할 일은, 신의 관점과 보편적인 선악을 합리적으로 구분할 힘을 길러주는 일이다. 그것은 '예수'의 삶을 통해 매우 명확하게 기록되었고, 예수의 삶을 '중계'만 하더라도, 어린이와 청소년들은 경건과 참된 믿음이 무엇인지 구분할 수 있다. 그러나, 비판은 '불경(不敬)'이고, 질문은 '불신앙'의 증거, 정치 구호에 동참하지 않는 자는 '배교자'가 된다. 결국 맹목적인 복종만 남게 되고, 어린 시절에 형성되는 이러한 토대는 상당 시간 또는 평생 지속될 수밖에 없다. 그리고 '순종'이라는 명목 아래에서, '선악에 대한' 신도들의 독립적이고 주체적인 판단 능력은 완전히 왜곡될 수 있는 것이다.

20세기에, 개신교가 특히 이단이라고 강력하게 공격해 왔던, 신천지 교단 역시 교리를 통해 성도들의 삶을 통제한다. '하늘의 뜻'을 가장 정확하게 해석할 수 있다는 리더의 말에 따라 성도들은 투표, 결혼, 취업 등 중요한 선택을 결정하고, 늘 그렇듯 그 판단은 철저히 교주에게 위탁된다. 그런데, 이러한 구조가, 정치인들과 쉽게 결탁할 수 있는 협력 메커니즘을 만들어낸다. 교단의 수장과 네트워크를 형성하면, 그에 딸린 수많은 신도가 즉각 정치적으로 동원할 수 있는 조직으로 변모 가능한 데다가, 판단의 힘은 어차피 그들의 것이 아니라 리더의 것이기 때문이다. 신천지 교단과 같이 기존 레거시 종교들로부터 배척당하는 세력들이, 많은 신도를 동원해 특정 정당의 특정 인물들에게 대중적 지지라는 모양새를 얹어주기에 더없이 적합하기 때문이다. 또한, '동성애 반대', '낙태 반대', '이슬람 유입 반대', '난민 또는, 중국인 혐오' 등과 같은, 정서적으로 자극적인 이슈를 앞세워 조직적으로 여론을 형성하기에 강력한 무기가 되었고, 이제는 전통적인 종교 세력들이 거기에 동조해서 사이비 종교와 기존 레거시 종교가 연합하는 유례없는 대통합의 진귀한 장면을 볼 수 있게 되었다.

· 코란이 아니라 사람을 향하는 근본주의

이슬람 근본주의에서도 기독교에서 나타난 것과 같은 '해석의 권력'이라는 구조를 강력하게 찾아볼 수 있다. 많은 사람들은 이슬람 신앙의 근거는 하나의 경전, 즉 '쿠란'이라고 생각하고 있지만, 실제로는 수많은 하디스 (Hadith, 무함마드의 언행을 기록한 전승)와 이슬람 율법 샤리아(Sharia), 쿠란의 주석서 타프시르(Tafsir)들과 같은 문서들이 존재하며, 신도들의 삶을 좌우하고 있다. 이것

들은 '경전'이 아니지만, 사실상 '경전의 권위를 가진 해석서'들이
며, 근본주의자들의 판단 기준으로 활용되어, "순교는 거룩한 전
쟁, 즉 지하드다", "불신자는 가족이라도 죽여야 한다", "신께 복종
하고, 두려움 없이 적들과 죽으면, 즉시 천국행이다." 같은 명령들
로 내려온다.

· 근본주의는 반드시 급진주의화

Root(뿌리)와 동일한 어원을 가진, 근본주의(Radicalism)는 '뿌
리로 돌아가자'라는 선언이다. 이것을 통해, '근본주의'는, 표면적
으로 순수한 신앙으로의 회귀를 말하는 것처럼 보인다. 그러나, 실
제로는 쿠란의 해석을 장악한 특정 지도자들이 자기들의 정치권
력을 강화하고, 신도들에게 강제할 극단주의적 행동을 정당화하
는 토대로 작동해 왔다. 자살 폭탄 테러, 여성 교육 금지, 다른 종교
에 대한 증오 등은 이슬람 경전 '쿠란' 자체에서 비롯된 것이 아니
다. 그것은 앞서 언급한 타프시르 같은 경전 해석서들에 나온 내
용이다. 결국, '누가 어떻게 해석했는가'에서 비롯된 결과, 즉 신의
말씀이 아닌, 신의 말씀을 전하는 자들의 자의적인 결정에서 비롯
된 '인위적 신앙'인 것이다.

‘인위적 신앙’을 근본으로 믿게 하여, 신앙의 근본이 결국 ‘폭력’과 ‘테러’인 것처럼 맹목적 복종을 요구하는 게 근본주의의 본질이며, 그건 결국 급진주의 형태로 성취된다. 신의 대리인들에게 판단을 전적으로 위탁한 신도들을 이용해, ‘폭력’과 ‘테러’에 맹목적으로 복종하게 하는 구조는, 이슬람과 같은 특정 종교에만 국한되지 않고, 다양한 종교들, 특히 유사종교나 이단 종파에서도 강력하게 나타나는 보편적인 현상이다. ‘신’의 자리에 ‘인간’을 대체한 후, 그의 해석을 근본이라고 가르치고 내리는 전통이, ‘가스라이팅’과 다를 게 무엇일까.

신앙의 뿌리, 정작 사랑과 선행이라는 근본이 아니라, 해석과 전달을 맡은 대리자들인 ‘인간’의 마구잡이식 뿌리 내리기인 셈이다. ‘신의 이름으로’ 벌어지는 극단적 폭력과 살상은, 실제로 그어떤 신보다도 해석자들의 욕망과 아집이 투사된 결과물이다. 그욕망은 땅을 가리지 않고, 거침없이 뿌리를 사방으로 뻗어나간다. 그래서 ‘래디컬리즘(Radicalism)’은 근본주의면서, 급진주의인 것이다.

· 영혼과 돈을 휘발시키는 유사 종교 집단들

종교의 근본이 '해석의 권력'에 의해 왜곡될 때, 그 자리를 가장 빠르게 파고드는 것이 바로 유사 종교 또는 사이비 영성 산업이다. 이들은 전통적 종교의 권위를 흉내 내지만, 실제로는 '신'의 이름, 또는 '질병을 고치거나 미래를 예언하는 신비한 능력' 등을 팔아, 신도의 판단을 탈취하는 기술자들에 가깝다. 이들은 신도들의 감정, 특히 불안과 희망, 고립과 미래에 대한 두려움 등을 극대화하여, '판단의 토대' 자체를 교주에게 종속시키는 구조를 자연스럽게 만들어낸다.

한국 사회에서 유사 종교는 결코 낯선 풍경이 아니다. 이미 오랫동안 크고 작은 집단들이 자신을 '예수를 잇는 참된 메시아', '하늘에서 보낸 존재', '예언자'라고 칭하며, 종교와 정치, 심지어 엔터테인먼트를 뒤섞어 기묘한 신앙 구조를 생산해 왔다. 그저 종교적 일탈이 아니라, 금전적인 탐욕과 성적 탐닉, 그리고 정치 사회적 지배욕이 결합한 문화 산업이라 해도 과언이 아니다.

대표적으로, 대통령 선거에 여러 차례 후보자로 등록하며, 말도 안 되는 공약으로 유명인이 된 H와 같은 인물이 보여준 '정치-종교 결합형 퍼포먼스'는 우리 사회의 취약한 판단 구조를 여과 없이 드러낸다. 그는 자신을 '신인(神人)'이라는 초월적 존재로 부르게 하면서, 병 치료와 같은 기적을 약속하고, 다양한 종교에서 임의로 가져온 논리를 마구잡이로 섞어 종교적 상징으로 삼고, 세력을 불려 왔다. 유사 종교에서 나타나는, "하늘에서 받은 치유의 기적, 미래에 대한 예언을 내릴 것이다"라는 식의 발화는, 신도들을 끌어모으고, 자신의 언어 속에서 스스로 초월적 존재임을 믿게 되어, 모든 것이 불안해 그를 찾은 사람들에게 절대적인 판단을 강제하는 원동력이 된다. 그의 집회에 참석한 사람들은 '예언'을 듣고, '병을 치료'하기 위해 헌금하듯 돈을 지불하고, '특별한 권능'을 얻기 위해 위계별로 설정된 금액을 바친다. 영혼과 지갑을 동시에 추출하는 완성도 높은 시스템이 형성된 것이다.

언론을 통해 알려진 수많은 한국의 종교 집단들이 유사한 방식으로 작동한다. 겉으로는 참된 진리, 기도와 치유, 영적 성장과 명상을 표방하지만, 실제 내부를 들여다보면, "교주의 삶"을 위해 착취당하는 신도들로 넘쳐난다. 재산을 상납하고, 교주의 요구로 직장과 가족, 인간관계마저 끊는다. 여러 미디어를 통해 드러나고 밝혀진 바에 따르면, 신도들이 집단 노동력을 제공하거나, 교주의 성적 요구에 '신의 뜻'이라는 명분으로 복종을 강요받았던 사례들은 결코 예외적 일탈이 아니다.

"신의 말씀"으로 가면을 쓴 "교주의 욕망"은 판단을 위탁한 연약한 사람들에게서 정신과 돈을 폭력적으로 착취해 왔다.

이러한 현상은 한국만의 문제가 아니다. 선진국에서도 유사 종교는 놀라운 속도로 확산하고 있다. 미국의 일부 '메가 처치(Mega Church)'들은 종교를 넘어 거대한 상업 제국이 되었다. 번영신학(Prosperity Gospel)을 앞세워 "믿으면 부자가 된다", "헌금은 투자의 다른 이름"이라고 설교하며, 실제로 목회자는 사치스러운 생활을 누리고, 신도들은 종종 경제적 파산을 겪는다. 신앙이 가난한 자에게 희망을 주는 도구가 아니라, 누군가의 부의 축적을 위해 만들어진 금융 상품처럼 판매되고 있다.

또 다른 영역에서는 정신적 치유와 영성을 앞세운 '뉴에이지(New Age) 산업'이 기하급수적으로 성장하고 있다. 명상, 호흡, 치유의 코칭이라는 부드러운 포장을 하고 있지만, 내부에서는 '교주-제자'와 같은 구조가 명확히 존재하고, 지도자에게 무한 충성과 금전적 헌신을 요구하는 경우가 적지 않다. 심리적 불안과 외로움을 호소하는 이들이 '나를 이해해 주는 유일한 공동체'를 찾았다고 믿는 순간, 판단의 토대는 지도자의 언어로 대체된다. 과학적 근거가 전혀 없는 개념을 신앙처럼 가르치고, 그 과정에서 거액의 이익을 편취한다. 종교와 다를 바 없는 구조지만, 종교라고 부르기엔 지나치게 상업적이고, 상업이라고 부르기엔 지나치게 종교적이다.

이 모든 유사 종교의 특징은 놀라울 정도로 단순하고도 동일하다. 공포를 과장해 불안한 사람들을 자극한 후 희망을 독점해서, 판단을 탈취한다. 즉, 판단을 내려주면 맹목적으로 헌신하고, 그 과정에 돈과 시간을 바치는 것으로써 순수를 입증하라는 것이다. 누군가 제3자가 착취의 고리를 끊지 못하도록 관계를 단절시키고, 자기들의 공동체에 대한 비판이나 압박은 절대악이라고 세뇌하는 것이다. 어쩌면, 이 글을 읽으며, 자신의 삶을 떠올리게 되는 사람들도 있게 되지 않을까? 나는 그저 이 작은 목표, 멈춰 서서 자신의 사회적 토대를 점검하자는 것, 그 하나를 목표로 이 글을 쓰고 있는 것이다.

유사 종교의 교주들, 그리고 정치적으로 변질되어 버린 전통적 종교의 지도자들이 신도들로부터 무너뜨리는 것은 신앙이 아니라, '주체적 판단을 자신의 것으로 유지할 수 있는 능력'이다. 신의 이름과 권위를 빌려와서 자기의 욕망을 채우려는 리더의 공통점은 '열린 세상과 판단'에 대해 극히 부정적이라는 것이다. 다른 세상과 소통하면, 착취의 고리가 약화된다는 것을 본능적으로 알고 있는 자들은 신도들을 가스라이팅하고, 다양한 계층적 구조를 만들어 욕망의 위계 속에서 자동 생산 시스템을 유지하려고 애를 쓴다. 지갑이 털리고 영혼이 휘발된 신도들이 자기의 판단을 좌우하는 '토대'가 알량한 한 인간의 '더러운 욕망'이었을 뿐임을 알게 되는 순간은, 이미 많이 늦은 뒤이다.

(2) 정치 – 사회 권력

· 부패 카르텔과 사회 권력

역사 속 어디에서든, 권력자들은 자신을 영속시키기 위한 전략과 방법을 개발해 왔다. 왕조든 군사정권이든 국민에 의해 선출된 민주 정부든, 한 번 획득한 권력은 늘 자신을 지키기 위해 주변을 정리하고, 충성 구조를 만들고, 비판의 입을 관리하며, 자신에게 유리한 정보만이 유통되도록 여과장치를 세운다. 이러한 메커니즘은 시대를 초월하고, 국경을 넘어서 반복된다. 우리가 '상식'이라고 부르는 판단의 기준도 이 구조를 비껴가지 않아서, 종교 권력이 두려움과 희망을 매개로 영혼을 길들였다면, 사회 권력은 제도와 법, 여론과 자원 배분 등을 통해 국민의 판단에 그 토대를 조종하고자 한다.

대한민국 근대사는 이러한 권력 구조의 형성을 가장 예민한 온도로 겪은 나라들 중 하나다. 일제로부터의 해방은 분명 축복이었지만, 그 축복은 모순된 권력이 지속되었다는 역설적 그림자를 함께 품고 있었다. 친일 엘리트들이 해방 후에도 그대로 검찰과 경찰, 사법부와 관료조직, 심지어 언론의 핵심을 차지했고, 그것은 그들이 단지 일제강점기의 통치 기술을 국가 운영의 표준으로 삼았다는 사실보다 더 본질적인 문제를 드러냈다. 국가를 위해 희생했던 독립운동가들이 조직적으로 밀려나고, 나라를 배반하면서 개인의 영달에 전념했던 친일 관료들이 국가의 근대화를 추진하는 지도층으로 변모했다. 게다가, 하필 공산주의 세력이 일으킨 전쟁으로 인해, 조국을 배반하는 것에 대한 국민의 '판단'은 이념으로 재단되었고, 친일 세력들이 권력과 경제력을 효과적으로 공유하는 카르텔을 공고히 하게 되었다.

비슷한 시기에 독립한 동남아 국가들에서도 상황은 크게 다르지 않았다. 서구 열강들의 식민지 행정에 협조했던 상당수 종족 계층이 독립의 과정에서 국가의 행정을 맡았고, 그들이 부패한 군과 정치 엘리트들과 결탁하여 '국가 발전'이라는 핑계로 권력을 독점했다. 부패는 권력자 개인의 일탈에서 그치지 않고, 사회 전체적으로 구조화된 아비투스(habitus)로 기능했고, 부패로 쫓겨났던 유력 정치인의 자녀들이 다시 민주적 투표를 통해 권력을 장악하는 식의 이해하기 어려운 민주주의 정치가 세대를 이어 반복되며, 권력의 카르텔은 사람은 바뀌어도 구조는 변함이 없었다.

민주주의 선진국이라고 이 역사를 벗어난 것도 아니다. 미국의 매카시즘은 사법과 정보기관, 언론이 어떻게 정치적 광기를 국가적 판단 기준으로 둔갑시키는지를 적나라하게 보여주었다. 영국도 식민지 관료제의 잔재를 자국 정치에 끌어들이며, "누가 정보를 통제하는가"를 둘러싼 권력투쟁을 반복해 왔다. 일본의 정치와 권력구조는 더 노골적이어서, 전범 세력들이 패전 이후에도 정·재계와 행정부의 중심을 차지하고, 자위대를 운영하는 '평화 국가'의 외피를 뒤집어쓴 채로, 유력 정치인 가문에서 그 권력을 영지처럼 세습하는 '봉건주의' 그림자가 드리워져 있다. 일본의 민주주의는 형식상 선거민주주의이지만, 실제 정치 운영 방식은 '정치 가문'이 지역구와 권력 기반을 세습하는, 마치 막부 시대의 가문 중심 권력구조와 닮았다.

이렇게 보면, 권력의 부패는 특정 국가의 도덕적 결함이 아니라, 권력이 스스로를 지키기 위해, 생존을 위해 선택하는 본능적 행위라고 할 수 있다. 그리고 이 구조는 거의 비슷한 방식으로 작동해서, 법을 만드는 자들과 그것을 집행하는 자들이 밀착하고, 행정부와 결탁한 기업들은 특혜를 얻고, 언론은 권력의 언어를 확성기에 대고 보도하면서, 국민의 여론과 태도를 권력자들의 입맛에 맞추려고 한다. 결국, 그런 부패가 일상화된 사회에서 국민의 판단은, 여론이 불러주는 대로 믿게 되고, 이 체제는 종교적 맹신과 다르지 않다. 판단을 위탁하면 편하고, 질문을 중단하면 안온해진다. 권력은 이 편리와 안정감을 적절히 조합하여 국민의 '판단 토대'를 만든다.

사회적 권력은 판단의 토대 위에 보이지 않는 그물망을 펼쳐놓는다. 종교 권력이 신도들의 영혼을 길들여 정서를 좌지우지한다면, 사회 권력은 제도와 법, 공권력과 여론을 통해 시민들의 사고를 길들인다. 우리는 이 두 가지 토대를 통해서 내려받게 되는 판단을 받아들인다. 그것이 익숙하며, 편하고 안전하기 때문이다. 그러나 바로 그렇기 때문에, 이 사회 권력이 어떤 판단을 내려주는지 그 구조를 정밀하게 들여다보는 일은 중요하다. 종교에서의 판단 신탁이 영혼을 조용히 갉아먹는다면, 사회적 판단의 외주화는 민주 시민의 이성을 뒤흔들어놓기 때문이다. 우리 근대사에서 검찰과 사법부, 언론과 재벌이 구축해 온 부패의 카르텔은, 인식하지 않으면 편하고 안전하지만, 의식하려 들수록 불편하고 두려운, 그런 대상인 것이다. 일반 시민들이 그것을 인식하도록 감시와 경계를 맡은 것이 '언론'인데, 과연 우리 사회의 언론은 어떨까?

· 인플루엔자 바이러스로 전락한 언론

인플루엔자 바이러스는 현미경으로도 보이지 않는 작은 존재다. 생물과 미생물의 경계에 있는 그 '작음'은 결코 '무해함'이 아니다. 바이러스는 조용히 퍼지고, 사람들은 감염 사실조차 모른 채 서로에게 옮긴다. 숙주의 면역이 약해지는 순간, 그 보이지 않던 작은 존재는 한 사람의 몸을 순식간에 장악한다. 고열과 염증, 근육통과 호흡 곤란을 일으키며, 때로는 생명을 위협한다. 바이러스는 전자현미경으로만 그 존재를 볼 수 있다. 커다랗고 위협적으로 존재하지 않는다. 다만 숙주의 균형이 무너지는 틈을 노린다. 이 시대, 우리 사회의 언론은 마치 인플루엔자 바이러스 같아져 버렸다.

언론은 본래 공동체의 면역 체계 역할을 맡아 왔다. 권력자들이 독재를 추구하고, 공포와 억압으로 민주주의를 흔들고자 할 때, 시민의 눈과 귀의 오염을 언론이 막았다. 언론이 사회적 면역을 활성화할 때, 시민들의 의식은 건강하고 어떤 위협 앞에서도 합리적인 균형을 유지한다. 하지만, 언론이 스스로 바이러스의 역할을 자임하는 순간, 그 사회는 외부의 적에 의해서가 아니라 내부에서 무너져 내린다.

· 조용히, 그리고 치명적인

한국 언론의 역사가 처음부터 무너져 있었던 것은 아니다. 전두환 신군부의 쿠데타, 광주를 향한 발포 명령과 같은 총칼 앞에서도 진실을 지키고자 목숨을 걸고 기록을 남겼던 기자와 언론인들이 있었다. 우리 언론은 때로는 야만의 시대를 가로막는 최전선의 방파제였고, 시민들의 정신이 권력의 부패 카르텔에 오염되지 않도록 면역력을 지키는 '항체(antibody)'였다. 언론의 생명은 바로 그 저항과 사명감에서 나왔다. 그러나 IMF 이후 한국 사회가 신자유주의적 생존 체제로 급격히 재편되면서, 언론 역시 경제적 압박과 조직의 생존이라는 이름 아래 다른 선택을 하기 시작했다. 언론은 권력을 감시하는 존재가 아니라, 권력의 한 축으로 자신의 위치를 재배치하기 시작했다. 더 많이 영향력을 행사하고, 더 안정적 수익을 확보하며, 여론을 움직이는 능력 자체를 자산으로 삼는 언론사와 기자들이 증가하면서, 더 이상 견제와 감시를 담당하는 옵서버(observer)가 아니라, 권력자들과 권력을 나누는 플레이어(player)가 되고자 한 것이다.

코로나를 기점으로 이 변화는 더 심해졌다. 불안정한 사회, 불확실성이 커진 세계 속에서 언론은 시민의 공포와 불안을 동력으로 삼았고, 더욱이 인터넷과 뉴미디어의 영향력 확대 속에서 신문기자도, 방송기자도 대중들의 기사 조회수와 영향력, 그리고 무엇보다 자신과 자기 조직에 대한 정치적 유불리를 기준으로 정보를 선택적으로 유통했다. "감시와 질문"이 "복명복창(復命復唱)과 확성기"로 대체된 대표적인 장면이 "바이든"이 아니라, "날리면"이라는 권력자들의 강압에 질문을 중단한 우리 언론의 맨얼굴이었다. 언론은 더 이상 '항체'의 역할을 하지 않게 되었다. 언론이 제공해야 할 건강한 사실과 균형은 사라지고, 사회의 면역을 무너뜨리는 자극적 프레임과 혐오로 가득한 '바이러스'가 되었다. 그것은 조용하고도 치명적이다.

어떤 언론은 검찰의 수사 기록을 그대로 받아쓰며 '특종'이라 이름 붙였고, 어떤 언론은 권력층의 유불리에 따라 여론을 흔들며 자기 영향력을 자산처럼 활용했다. 스스로는 보잘것없으나, 결탁한 권력의 면역 체계를 우회하거나 장악할 수 있는 능력. 위에서 내려받았거나, 때로는 스스로 만들어 낸 오염된 정보를 사회 전체에 퍼뜨리며 판단의 기준을 뒤틀어놓는 방식. 권력이 원하는 방향으로 여론을 움직일 수만 있다면 사실과 맥락, 진실과 윤리는 부차적인 것이 되어버리는 행태. 이 모든 것이 바이러스의 증식 원리와 크게 다르지 않다.

문제는 바이러스보다 더 교묘하다는 점이다. 인플루엔자는 적어도 인체와 싸우는 것이 목적이 아니다. 생존을 위해 증식하는 과정에서 면역력이 떨어진 인간에게 증상을 발현시킬 뿐이다. 하지만, 언론이 권력과 결탁해 기획된 왜곡을 퍼뜨릴 때, 그것은 증식이 아니라 '정치적 효과'를 겨냥한다. 특정 정권의 지지층을 결집

하고, 반대 진영을 혐오에 빠뜨리며, 공동체의 균형을 혼란과 불신으로 흔들어 놓는다. 스스로 손에 피를 묻히지 않더라도, 그들이 만들어낸 틀(frame)과 관점으로 작성된 기사 한 줄이 수백만 명의 판단을 움직이고, 그 판단의 흐름이 결국 민주사회라는 폐(lung)에 염증을 일으키고, 고열에 시달리도록 만든다.

언론이 항체가 아닌, 바이러스가 된 사회에서 시민의 판단은 감염되고, 사회는 병들어 여기저기에서 분열과 갈등을 초래한다. 사람들은 정보를 스스로 점검하기보다 받아들이는 쪽을 선택하고, 다수의 믿음, 즉 조회 수가 가장 많은 뉴스를 진실로 간주한다. 그러니, 비이성적 판단이 국가의 운명을 좌우하는 장면들이 반복되며, 극우의 정치 구호와 혐오의 목소리들이 교회의 언어로 퍼져나가는 현상까지 우리는 목격하는 것이다.

하지만, 이런 종류의 사회적 감염은 피할 수 없는 숙명이 아니다. 예방 백신과 건강한 면역 체계가 바이러스의 작용을 억제하듯이, 언론이 자기 역할을 온전히 인식하고 제 할 일을 하도록 되돌리는 힘 또한 좋은 판단력을 갖춘 시민들의 비판적 감각을 통해 합리적인 질문을 하는 '태도'인 것이다. '바이러스'가 스스로 정화되지 않듯, 지금으로서는 언론이 스스로 기능을 회복할 가능성은 낮다. 언론 내부의 윤리 때문이라기보다, 언론을 부패 카르텔의 유통 망으로 이용하는 권력 구조 자체가 문제이기 때문이다. 그러므로 민주 시민들의 건강한 면역 체계, 즉 스스로 질문하고, 스스로 판단하는 힘만이 공동체를 살릴 수 있다.

언론이 인플루엔자 바이러스처럼 작용하고 있다는 말은 언론을 모욕하려는 의도에서 하는 게 아니다. 그것은 우리 사회가 감염된 상태임을 직시하라는 경고다. 우리는 지금 눈에 보이지 않는 수많은 영향력, 즉 다양한 판단의 토대 위에서 흔들리고 있으며, 그 흔들림은 감정과 판단의 기준을 왜곡하고 있다. 부패한 사회 권력이 이 왜곡된 틈을 파고들어 자신들의 생존을 영속시키려 할 때, 이제 필요한 것은 이 감염의 정체를 규명하고, 그것이 더 이상 번식할 수 없도록 시민 스스로 면역력을 회복하는 일일 것이다.

· 법은 결단코 정의로운가, 아니 믿을만한가

사람들은 흔히 '법'이라는 말을 들으면 자연스럽게 '정의(正義)'를 떠올린다. 법이 사회의 마지막 안전장치이며, 감정적 충돌과 폭력적 해결 대신 문명적 절차로 갈등을 해결해 주는 것이라 믿는다. 그러나 법은 언제나 정의롭지도 않으며, 언제나 믿을 만한 것도 아니다. 법은 자연의 질서처럼 스스로 존재하는 진리가 아니라, 사회 권력의 구조와 그 구조를 유지하려는 사람들의 이해관계 속에서 만들어지고, 해석되고, 집행되는 일종의 '도구'로서 국민으로부터 위임받은 것이기 때문이다.

한국의 근대사는 이 단순한 사실을 반복해서 증명해 왔다. 법은 종종 강자를 통제하기 위한 장치가 아니라, 강자가 약자를 통제하기 위해 더 정교하게 설계한 장치가 되었고, "법대로 하자"는 말이, 사회적 약자들의 삶을 파탄 내는 잔혹한 구호로 쓰이기도 했다. 약촌오거리 살인 사건이나, 삼례 나라슈퍼 사건처럼 재심 판결로 뒤늦게 뒤집힌 수많은 판결은 그것을 뒷받침한다.

이런 사건들에서 경찰과 검찰은 법을 집행하는 기관이면서도, 스스로 꾸며낸 허구의 집행자들이었고, 무고한 시민들의 삶은 암흑으로 뒤덮이게 되었다. 결국, 수십 년이 지나서야 유전자 검사 같은, 과학기술의 발전, 또는 새로운 증언의 등장을 통해 비로소 무죄를 인정받았지만, 망쳐버린 삶은 되돌릴 수 없고, 그들을 망친 자들 또한 아무도 책임지지 않았다. 형제복지원 사건 같은 경우에서는, 부랑인을 선도한다는 명분 아래 수많은 시민이 강제로 감금되고, 구타와 학대, 성폭행, 강제 노역 등에 시달리며 500여 명의 사망자가 발생한 최악의 인권유린 범죄 앞에서, 원장에게 무죄가 선고됐고, 억울한 피해자들의 비통함은 '법에 의해' 덮였다.

이 사례들에서 공통으로 드러난 것은 '법의 한계'가 아니라, 법을 운용하는 사회 권력의 한계였다. 법이 진실을 은폐한 것이 아니라, 숨기려는 자들의 이해관계가 법보다 강했으며, 결국 법을 절대적 기준으로 신뢰하는 순간, 법은 시민의 안전보다, 도리어 권력자들의 안전에 더 신경 쓰고 있다는 것을 알아야 한다.

법이 잘 만들어지는 것, 물론 중요하지만, 그보다 훨씬 중요한 건, 잘 시행되는 것임을 일깨우는 사례들을 우리는 거의 매일 목도한다. 규칙을 제시하고 그것을 지키는 이들은 밀려나는데, 어기는 자들에게 최후의 보상이 따른다면, 규칙이 문제인가? 아니면, 그것을 시행하는 자들이 문제인가?

꽤 오래전이었는데, 나는 대한민국에서 가장 나쁜 TV 예능 프로그램이 〈런닝맨〉이라고 생각한 적이 있었다. 그것은 당시 제작진들이 출연자들에게 규칙을 부여해 놓고, 도리어 그것을 적극적으로 어겨서 순위에 든 사람에게 최종적인 혜택을 제공하는 걸 여러 회차에서 목격했기 때문이었다. 수많은 어린이에게 폭발적 인기를 얻었고, 심지어 이웃 국가들에서도 크게 화제가 되어, 10년이 넘는 세월 동안 방송되고 있는 프로그램이 '런닝맨'이다.

요즘도 설마 그렇지는 않기를 바라지만, 내가 시청했을 당시, 게임을 위해 경쟁을 시키면서 특정 출연자가 규칙을 어겼는데도 제재하지 않고, 도리어 규칙 위반의 피해자가 멍청하다는 태도로, 위반자를 보상하는 걸 보면서, 수많은 어린이에게 미칠 영향을 걱정한 건, 내 지나친 진지함이었다고 해 두자.

그러나, 법에 대해서만큼은 진지해져야 한다. 모든 시민에게 공정하고 동일한 적용에서 벗어나, 특정 권력층의 자의적 해석 아래 놓인 도구로만 기능한다면, 아무리 좋은 법도 무기력과 체념 속에서 외면당할 것이며, 결국 법을 어기지 않는 사람들이 미련한 인간들로 간주하는 사회가 될 수밖에 없다. 오늘날 법은 만인이 평등하게 접근할 수 있는 진실의 문이 아니라, 권력의 성질을 드러내는 거울이 되어버렸다. 그리고 그 거울은 생각보다 자주 흐릿해지고, 쉽게 왜곡된다.

· 소수를 위한 법치는 전체주의의 다른 얼굴

한국 사회에서 "법치주의"라는 말은 권력자들의 정치적 위기 국면에서 특히 자주 등장했다. 법치(法治)라는 단어는 본래 권력의 자의적 집행을 막기 위해 탄생한 개념이지만, 현실에서 이 말은 자의적 권력을 정당화하는 수단으로 더 빈번하게 사용됐다. 법치주의가 민주주의의 원리로 기능하기보다 지배층의 도덕을 위장하는 방패막이로 작동했을 때, 우리 사회는 예외 없이 역사의 어두운 심연 속으로 빠져들었다.

독재 정권은 법을 무너뜨린 것이 아니라, 오히려 "법치"를 주장하며 권력을 강화했다. 예컨대, 유신 체제에서 발동된 긴급조치는 '법적 절차'로 포장되었고, 전두환 정권은 군사 반란과 광주 학살을 스스로 '법'의 언어로 정당화하여 국민에게 "법질서를 지키라"고 명령했다. 멀쩡한 제도라도, 그것을 운용하는 사람들이 법을 자신들의 의도에 맞춰 해석하고, 법원과 검찰을 통해 '소수자를 위한 법치'를 사회의 표준으로 내세워 시민에게 강요할 때, 평범한 사람들의 권리와 사회의 공정함은 급속히 무너질 수밖에 없다.

소수를 위한 법치는 단지 독재자만의 것이 아니다. 민주주의 사회에서도 얼마든지 발생한다. 검찰은 기소를 독점해, ‘죄’를 만들고, 언론과 결탁한 권력이 유통시킨 편향된 정보는 여론이 된다. 법원이 최종적으로 ‘합리적으로 판단했다’라고 선언하면, 그것이 진실의 옷을 입는 것이다. 시민들은 최종적인 법의 결정에 모든 판단을 위탁할 수밖에 없고, 혹시나 개입되었을지도 모를 기소 단계에서 증거나 증인의 조작에 대한 의심은 다시 불편해질 수 있는 사법 절차에 놓이지 않기 위해 내려놓게 된다. 경찰이나 검찰이 증거나 증언을 조작하지는 않을 것이라 믿어야겠지만, 혹여라도 그런 일이 벌어진다면 ‘무엇을 위해, 누구를 위해’ 법치로 포장해서, 진실을 왜곡하는지 규명해야 한다. 건강한 사회를 위해 ‘사회 권력’은 반드시 자정 능력을 갖춰야 하고, 그건 결국 사안의 전후 사정을 자세히 들여다보려는 국민이 다수일 때 가능하다.

· 의회는 법을 만들고, 검찰은 죄를 만든다

권력 분립으로, 입법부는 국민에게 법을 만드는 권리를 위임받았다. 그리고, 그들은 4년마다 선거를 통해 평가받고 있으며, 인물들이 교체되는 것이 빈번하다. 검찰과 사법부도 법을 위반하는 사람들을 공적인 재판에 기소하고, 증거와 사실을 바탕으로 단죄할 권한을 위임받았다. 그러나, 검찰과 사법부는 국민에 의해 그 어떤 평가를 받지 않는다. 이 사실은 매우 중요하다.

2025년, 이재명 정부가 출범하고 첫 총리 후보자로 A를 추천하자, 검찰 출신 야당의 한 의원이 A의 재산과 청렴에 대해 강력하게 도덕적 문제를 제기했다. 그런데, 도리어 그 의원 자신에 대해 A보다 막대한 양의 재산을 어떻게 형성한 것인지, 또 석연치 않은 자신의 병역 면제 판정에 대한 의혹 등이 공론화되며, 그는 강한 역풍을 맞게 됐다.

그 장면을 TV 중계를 통해 시청한 사람들은, 검사 출신의 국회의원이 스스로에게 적용했을 경우 오히려 난처해질 수 있는 주제임에도, 국민 앞에서 남에게는 어떻게 이토록 당당하게 따져 물을 수 있을까 궁금해했다. 심지어, 역풍이 불어 다른 의원들의 질문을 받아도, 그는 일말의 부끄러움을 보이지 않았다. 아마도 그것은 오랜 세월 형성했던 '자신감'이 아니었을까 싶다. 검사 생활을 통해 체득한, "나에게는 누구도 '죄'를 묻지 않을 것이다, 아니 죄를 물을 수 없을 것이다"라는 자신감 같은 확신?

　검찰은 행정부에 속해 있지만, 사법부보다 더 강력한 권한을 갖고 있다고 여겨져 왔다. 그것이 바로 오랫동안 논의 되어왔던 독점의 권력, '기소권'의 힘이다. 특정 형사 사건에 대해, 법원에 공소(公訴)를 제기할 수 있는 힘인 기소권을, 유일하게 검찰이 행사해 왔기 때문에, 같은 행정부인 경찰에서 수사한 자료를 아무리 많이 가져와도, 검사가 '기소'하지 않으면, 그것은 더 이상 죄가 되지 않고, 죄인도 성립할 수 없게 되는 것이다. 그래서, 더욱 검찰 조직 내 검사들은 끈끈하다. '검사 동일체'라는 말이 있을 정도로, 한 몸과 같이 서로를 책임져왔다. 이것을 잘 알았던 '검사 출신 국회의원'에게, '남의 눈에 티끌'은 너무 선명하고 확실하지만, '자기 눈의 들보'는 아무것도 아닌 게 되는 것은 아닌지 의구심을 일으키는 것이다.

· 권력 카르텔 : 국익에는 관심 없다

　해방 이후, 대한민국은 일제 강점기의 '적극적 친일파', 즉 반민족 행위자들을 제대로 청산하지 못한 채 새로운 국가로서 출발했다. 행정, 사법, 언론, 교육계의 요직들을 강점기 친일 관료들이 채웠으며, 한 연구에 따르면, 1946년 말 기준 경위급 이상 미군정 경찰 간부 1,157명 중 82%에 해당하는 949명이 친일 경찰 출신으로 채워졌다. 미군정 경찰고문 매글린(William Maglain)은 "일본인이 훈련시킨 사람들은 경찰로서의 자질을 천성적으로 갖춘 사람들이며, 그들이 일본인을 위해서 훌륭히 업무를 수행했다면, 우리를 위해서도 그럴 수 있으니, 일본인이 훈련시킨 사람들을 경찰에서 몰아내는 일은 합리적이지 못하다"라는 논리로, 일제를 위해 일했던 친일 조선인들을 경찰 및 검찰, 사법부 고위직에 재배치하는 명분으로 삼았다. 이들은 일제에 부역했던 경험과 인맥을 바탕으로 해방정국에서 권력을 장악했고, 이후 이승만에 이어 반공을 위압적 통치 수단으로 활용했던, 박정희, 전두환 정권 등과 자연스럽게 연결되었다.

문제는 그 세력들이 날이 갈수록 더 공고하게 권력을 장악해, 이들의 철저히 이기적인 '태도'가 오늘날까지 세습되며, 나라를 좀먹고 있다는 점이다. 권력에 순응하고, 강자에게 복종하며, 약자에겐 폭력을 정당화하는 그들의 유전자가, '법치'의 외피를 쓰고, 권력의 모든 영역에서 여전히 강력하게 작동하고 있다. 문민정부가 출범하면서, 선출직인 입법부에서는 점점 친일 후손이나 관련자들의 기반이 조금씩 줄어갔지만, 다양한 수단을 동원해서 인맥을 회유하며, 또한 압박할 수 있는 검찰과 사법부를 비롯한 권력층에서는, 그들만의 공고한 귀족화가 구축됐고, 검찰과 법원을 통해 중요한 여러 기소와 판결이 권력과 자본에 유리하게 이뤄질 때마다, 그들은 스스로 사회적 신뢰를 잃어갔다.

계엄에 이은 내란을 극복하며, 2025년 새로 실시된 대통령 선거를 앞두고, 당시 지지율 1위 야당 후보를 합법적으로 낙마시키기 위해, '법'이라는 무기를 무리하게 끌어 쓰려던 사법부 최고위직들의 모습은, 대한민국의 권력층이 국민의 뜻에 얼마나 관심이 없는지, 그리고 어느 정도까지 자신들의 이익을 위해 수단과 방법을 가리지 않는지 잘 보여주었다. 그들은 여전히 '나라를 위한 일이었다'라고 말하고 있을 테지만, 일제강점기 친일파들로부터 대를 이어 전달된 DNA는 나라의 번영이나 지속이라는 목적이 없다. 그들은 철저히 자신과 자기 세력의 생존을 위해, 부여받은 권력을 최대치로 활용해 민주주의에 저항하는 추한 모습만 각인시켰다. 국가의 얼을 뿌리째 흔들고, 양심과 도덕을 위협하고, 정의와 공정을 찬탈하는 네트워크를 만들어, 자기들에게 충성하는 언론을 통해, 그들의 영향력 아래 있는 사람들의 '판단'을 강제하고, 지시를 내리는 집단의 구성원으로 전락한 사법부 최고위층에게서 나는 생존 본능 외에 그 어떤 품격이나 합리적인 원만함을 찾을 수 없었다.

정의의 여신, 눈가리개를 왜 벗었나?

법(法)은 사회 공동체가 전문가들에게 위임한 궁극적인 판단을 상징한다. 그리고 판사는 국가 시민들로부터 그 판단을 위임받은 전문가들이라고 여겨져 왔다. 그러나 법과 사법제도가 과연 '누구에게나 평등한가?'라는 근본적인 질문은 우리 역사에 끊임없이 제기되어 왔다. 그리고, 검찰이 독점하고 있는 기소권에도 불구하고, 마지막으로 '재판'을 통해 진실을 밝히고, 죄 있는 자는 벌하되, 무고한 사람은 원래의 자리로 돌려주도록 우리가 기대할 마지막 곳은 사법부다.

비록 세월이 많이 지나, '재심'이라는 형태였지만, 2000년 한 택시 기사가 살해당한 익산 약촌오거리 사건에 대해, 구타와 협박으로 받아낸 허위자백에 의한 것이었음을, 진범이 잡히고 자백했는데도 검찰은 그것을 외면했다. 이를 근거로, 법원은 재심을 지휘했고, 결국 무고한 이들은 무죄판결을 받았다. 또 1979년 박정희와 차지철을 저격한 김재규가 내란범으로 몰려 사형을 당했지만, 시간이 많이 흐른 후, 내란이라는 목적의 부재, 그리고 고문과 구타에 의한 자백 등이 인정되어 재심 결정이 내려진 것 등은 어쨌든 사법부가 공정한 최종 판결을 해줄 것이라는 기대에 부응한 사례였다.

　미국 대다수의 법원 앞에 세워져 있는 정의의 여신 '디케'의 조각상은 '눈가리개'를 한 채, 한 손에는 천칭 저울과 다른 손에는 칼을 들고 있다. 눈을 가린 것은 어떤 차별도 없이 모든 이에게 공정하도록, 그리고 저울과 칼은, 죄의 무게를 기준으로 더 나쁜 자들을, 단호하게 징치하길 바라는 상징일 것이다.

　하지만, 우리 대법원 건물 중앙홀 상단에 놓인 여신상은, 눈을 가리지도 않았고, 양손에 저울과 법전을 각각 들고 있다. 좋은 의미로 해석하면야 한없이 좋을 수 있겠으나, 좀 많이 이상하다. 우리 법원의 여신상이 상징하는 의미가, 피해자의 사회적 계급이나 경제적 수준 등을 봐 가면서, 죄가 아닌 법전의 조문을 저울 위에 올려놓고, 범죄에 대한 형벌을 다르게 내리도록 용인하는 것은 아닌지 궁금하다. 만약 정말로 그렇게 느껴지는 일들이 전개된다면, 그것은 오롯이 사법부의 책임이며, 실제로 그 추체적인 사례들을 생각보다 꽤 많이 찾아볼 수 있다.

　2010년, 800원을 정산에서 누락한 버스 기사가 회사에서 해고 처분을 당했고, 그는 재판을 통해 부당함을 호소하며, 복직을 원했다. 하지만, 해고는 '정당한 조치'라고 대법원은 최종 선고를 하면서, 그것을 통해 판사는 법의 냉엄함을 만천하에 알렸다. 그러나 그러한 판결을 내렸던 바로 그 재판관이, 변호사로부터 85만 원의 유흥 접대를 받아 면직된 검사에 대해 "처분이 지나치게 무거워 가혹하다"라며 면직을 취소하라고 선고했다. 심지어 그는, 성매매로 파면된 국정원 직원에 대해서도 처분이 가혹하다며 파면 취소를 인용했다. 800원과 85만 원, 또는 800원과 성매매의 크기와 무게가, 눈가리개를 하지 않은 여신에게는 어떻게 달라지는지 보여주는 사례였을까? 눈을 가린 여신이라면, 여전히 같은 판단을 했을지 궁금하다. 사법부의 최고위층 자리까지 올라간, 그 재판관의 출세 비결이 무엇이었을지 미루어 짐작하겠다.

종교에서 '근본주의'를 말했을 때와 마찬가지로, 판결도 언제나 법을 적용하기 이전에, 그것을 해석하는 사람이 중요하다. 앞서 800원 해고 판결에서처럼, 우리 법원의 여신상이 들고 있는 저울 위에는 권력과 네트워크, 사회적 계급 같은 것들이 올라가고, 여신을 참칭하는 일부 판사들이 그것을 지켜보며 임의의 무게로 판결한다고 생각되는 사례들이 지나치게 많다. 그래서 우리 법이 왜 '죄의 무게'가 아니라, '사람의 무게'를 저울에 달아 판단하고 있는가?라는 질문을 하지 않을 수 없게 된다.

법의 정의라는 이름 아래, 불평등은 은밀하게 반복되고, 더욱 무서운 것은, 이 불평등이 '정상'이라고 느껴질 정도로 우리에게 익숙해진다는 사실이다. 현대 사회의 구조적 악은, 이런 익숙함에서 파생하는 '무관심'이다. 무관심에서 비롯된 무기력이 일상화되면, 민주주의 사회는 끝장이다. 법의 불평등은 그저 오류에 머물지 않고 체계화된 폭력으로 기능하면서, 그 대상은 언제나 저울 위에서 한없이 가벼워지는 일반 서민, 어떤 권력도 자본도 갖지 못한 당신과 내가 될 것이다. 또한 이런 보통의 시민들을 향한 다른 잔혹한 권력이 마이크와 카메라를 들이대고, 섣부른 잣대로 죄의 유무를 예단하기도 하는데 바로 언론이다.

· 언론의 틀(Framing)과 진실 착시

대중은 세상을 직접 경험하지 않는다. 언론은 우리의 판단을 돕는 '안경'을 들고 있다. 대부분의 사건과 인물은 '보도된 프레임'을 통해 간접적으로 인식된다. 범죄 보도는 피해자가 겪는 고통의 크기보다, 가해자인 피의자의 배경이나 과거 사건들에 집중하는 경향이 있다. 범인의 인상과 범죄 수법이 자극적으로 소비되고, 피해자의 현실과 그가 잃어버리게 되는 주변의 일상에 대해서는 공감의 시선이 머물지 않는다. 그런 점에서 피해자의 입장을 외면하고, 가해자에게 심정적 공감을 보이는 것처럼 비치는, 일부 사법 판결과 결이 닿아있다. 흥미로운 건 솜방망이 처벌을 남발하는 사법 관료들도 언론과 대중의 강한 주목을 받는 사건들에 대해서는 조금은 일반 상식에 가까워지려는 제스처를 취한다는 점이다. 그런 면에서 언론은 여신의 저울에 바람을 불어넣는 존재이기도 하다.

그러나, 권력과 결탁한 언론은 검찰이나 사법당국으로부터 사건을 브리핑받고, 권력에 저항하는 독립 언론은 폭력적인 압수 수색을 당하기도 한다. 힘의 논리를 내세우는 정치적 유불리 앞에서, 원칙의 체계를 바르게 세워야 할 사법당국과 언론의 결탁은 진실의 왜곡과 일방적인 재구성이라는 결과로 나타난다. 시민들이 직접 취재하기 어려운 다양한 사건들에서 판단의 나침반이 되어야 할 언론이, 조작된 진실과 가짜 혐의를 확대 재생산하기로 작정한다면, 그 이상 위험한 일이 있을 수 없다. 언론이 인플루엔자 바이러스가 되어, 사회의 자정능력과 면역체계를 약화시킨다고 말하는 이유가 바로 거기에 있는 것이다.

특정 언론사들이 검찰과 정보를 교류하며, '기소도 하기 전에 유죄인 것처럼 단정 짓는' 기사들을 검찰 발 '단독'이라는 제목으로 반복 보도했지만, 실제로는 대다수가 과장되고 왜곡된 것으로 드러난 경우는 비일비재하다. 세월호 참사와 같은 국가적 비상사태에서 사실 확인도 없이 '전원 구조' 보도를 한 것은, 언론이 제대로 된 취재나 검증 기관의 역할을 포기한 징후였다.

드라마 〈나의 아저씨〉에서 따뜻한 마음을 지닌 소시민을 연기했던, 고 이선균 배우의 경우, 경찰과 검찰이 정부에서 설정한 '마약과의 전쟁' 기조에 성과를 내기 위한 무리한 장기 수사를 펼치는 가운데, 물증도 없고 정밀 신체검사에서도 음성으로 판명되었음에도, 의혹 수준의 수사 내용을 언론에 유출하고, 언론은 그것을 확대 재생산했다. 이것은 '아무렇지 않게 증거를 조작'할 수 있는 권력기관의 속성과 함께, 의심 없이 복명복창하는 무지성 언론의 타락을 그대로 보여주었다. 고인이 동의하지 않는데도 불구하고, 포토 라인에 세워 전 국민을 향해 마약범죄자라는 라벨을 붙이며, 극심한 정신적 고통을 가한 사법 기관의 만행 앞에서, 진실 규명을 위해 누구보다 더 애써야 할 언론이 책임을 회피하며, 기사 받아적기에 바빴던, 역사에 남을 사회적 살인 케이스들 중 하나가 될 것이다.

심각한 문제는, 우리가 언론 보도를 '객관적 정보', 그러므로 '진실'이라고 믿는다는 점이다. 언론은 육하원칙과 같은 담백한 정보를 전달하는 데 머무른 적이 없었다. 그들은 사건이 발생하면, 그것을 발판으로 현실 자체를 임의로 구성한다. 중립적 취재와 사실 보도라는 평계로 편향적인 이중의 기준을 적용해도, 독자나 시청자는 언론이 끼워 넣은 필터를 알아챌 수 없다. 언론 보도를 판단의 중심 근거로 삼으면, 뉴스 소비자들 또한 자신의 판단을 언론에 위탁하고, 특정 언론사의 색깔로 세상을 바라보게 되는 '사유의 중단'을 겪게 될 것이다. 언론이 판단을 대신하고, 그것을 그대로 수용하는 대중은, 언론이 원하는 방향으로 행동하게 된다. 뉴스 보도의 소비는 우리의 몫이지만, 우리의 눈은 그들의 시선으로 세상을 보게 된다.

어떤 뉴스를 주요 면에 올리고, 어떤 사건을 침묵으로 덮는가? 어떤 단어를 반복하고, 어떤 분노를 부추기는가? 이 모든 선택은 결코 중립적이지 않다. '보여주는 대로, 보이는 대로' 믿고, 그들이 내린 판단을 비판적 사유 없이 수용하는지 우리는 끊임없이 점검해야 한다.

(3) 인터넷 – 온라인 권력

· 혐오의 정서공동체, 일베와 댓글부대

한국 사회에서 인터넷 커뮤니티가 사회 문화적 준거집단으로 기능하기 시작한 것은 2000년대 후반부터 아닐까 싶다. 게임이나 유머 사이트가 청년들의 일상에 자연스러운 일부가 되어가면서, 특히 2010년 초에 등장한, '일간 베스트 저장소', 즉 '일베'라는 커뮤니티는 극단적 혐오주의를 추종하는 사람들에게 상징적인 준거집단으로 자리매김했다.

일베는 초기에 커뮤니티 멤버들 사이의 유머와 조롱, '가짜 진지함' 등과 같은 배타적 연대로 출발해, 점차 그 내부의 정서적 코드가 더욱 강한 자극을 갈망하면서, 여성이나 약자, 노인과 어린이, 장애인 등에 대한 조롱과 혐오, 지역 비하와 역사 왜곡 등의 게시글들이 '놀이' 형태로 소비되며 '공동체의 정서'로 구조화되었다. 사회 전반으로 혐오를 퍼뜨리며 영향력을 확대했고, 결국 그에 대한 대응으로서의 혐오 사이트도 '미러링(Mirroring)'을 기치로 온라인에 등장하게 했다. 디지털 세상에서 태어나, 자연스럽게 인터넷과 커뮤니티의 문화를 현실과 함께 당연한 삶의 공간으로 느끼는 청소년과 청년 세대들에게, 유머와 결탁한 혐오 표현들이 '밈'으로 소비되고 자극과 조롱이 일상화되는 것은 매우 우려스럽다.

이는 혐오에 대한 사회적 역치를 낮춰, 우리 미래 사회를 책임질 청년과 청소년 세대에서 조롱과 혐오가 일상화되지 않을까 느껴지기 때문이다.

정치적인 맥락에서 보자면, 일베는 박근혜 정권에서 보수세력의 정서적 후방 기지로 활용되었고, 특정한 정치적 선동이 필요한 시점마다 국정원의 디지털 공작과 선동의 전장으로 활용되었다. 국정원 댓글 사건, 드루킹 사건 등은 이런 정서 기반 선동이 얼마나 제도권 권력과 밀접하게 연계되는지를 보여준다.

앞서 종교 파트에서도 언급한 바 있지만, 일베 같은 극우 커뮤니티는 심지어 보수 기독교 세력과도 접점을 찾아, 함께 같은 목소리를 외치는 놀라운 장면도 목격되었다. 보수 개신교 지도자들이 "차별금지법은 동성애를 조장하는 법", "동성애자들은 질병을 퍼뜨리는 비위생적인 죄인들"과 같은 구호를 외치며, 거리로 나왔을 때, 그들은 동성애자와 같은 소수자들이 일베 커뮤니티에서 어떤 혐오와 조롱의 대상이었는지 알지 못했다. 문제는, 교회라는 공공 조직이 종교의 권위와 신의 이름으로 소수자들을 배제하고 차별하는 말을 일상화시킬 때, 일베를 추종하는 회원들의 극단적 혐오가 추구하는 비정상적 쾌락에 무의식적으로 동조하고 있었다는 것이다.

일부 개신교 신도들에게, 혐오는 더 이상 은밀하거나 비상식적인 것이 아니게 되었다. 정치인들과 종교 지도자, 극우 혐오 커뮤니티가 하나 되어가는 모순된 장면들 속에서, 혐오는 협력의 수단이 되었고, 차별적 시선에 대해 문제를 제기하는 목소리는 종교적 교의에 저항하는 것으로 왜곡되었다. 결국, 일베 같은 극우 커뮤니티의 거침없는 혐오 표현에 도리어 정당성을 부여하는 기반으로 작동한 셈이었다. 동성애자들에게 사회적 제약을 가해야 한다거나, 여성이나 소수자를 혐오하는 말은 개인의 표현 방식일 뿐이며, 민주 항쟁의 희생자들을 조롱하는 것은 역사관의 차이에서 오는 것이라는 식의 해괴망측한 논리가 힘을 얻었다.

'일베적 정서'는 더 이상 온라인에 머물지 않으며, 정치권으로, 종교와 방송계로 스며들며 정서적 구조 자체를 보수화하고, 혐오를 '당연한 반응'으로 만들어버리는 데 기여했다. 방송계에 뛰어든 일베나 그 미러링 커뮤니티인 '메갈리아' 회원들이, 방송 영상 사이에 은밀한 상징과 암호를 끼워 넣는 행동들은, 이제 '부끄러움'을 상실한 사람들이 어떻게 판단 능력을 잃고 공공의 문화 콘텐츠마저 개인의 유흥 거리로 여기는가를 잘 보여주었다. 바다에서 목숨을 잃은 세월호 희생자들의 유가족이 '단식'을 하며 힘겹게 하루하루 머무는 공간 앞에서, 치킨과 피자 등의 폭식 퍼포먼스와 '어묵' 등의 참혹한 조롱을 하며, '부끄러움'을 잊고 얼굴을 드러내기 시작한 그들이 사회 곳곳에서 공공연히 움직이는 것은 우리 사회의 자정 능력이 크게 약화했다는 증거이기도 하다.

· 책(册의) 시대, 화면(Screen)의 시대

인류 문명의 출발은 문자의 탄생이었지만, 인류가 축적해 온 지식의 폭발적 증가는 활자 인쇄술 덕분이었다. 전통적 죽간본이나 양피지, 파피루스가 아닌, 대량의 인쇄 테크놀로지를 통해 제작된 책의 등장 이후, 인류의 지식은 비로소 '물리적 축적'이 가능해졌다. 구전(口傳)이 아니라, 생각이 종이에 고정되고, 그 고정된 문장이 세대를 건너 전해지면서 사람들은 이전 세대의 사유를 점검하고 보완할 수 있었다. 우리는 이 느리고도 단단한 과정을 통해 논리적 사고를 익혔고, 동일한 텍스트를 반복해 읽으며 그 속에 담긴 주장을 해부하고 재구성하는 법을 배웠다. 과학이 성립하고 철학이 심화한 것도 결국 이 안정된 전달 구조 덕분이었다. 활자의 시대는 속도가 아니라 깊이를 중심으로 움직였고, 깊이는 자연스럽게 시간을 요구했다.

하지만, 스마트폰과 인터넷이 주도하는 오늘의 세계는 그와 전혀 다른 속성으로 작동한다. 정보는 더 이상 책을 통해 서서히 확산되지 않고, 화면(Screen)을 통해 파편으로 흘러 들어오고 빛의 속도에 가깝게 유통된다. 텍스트는 이미지와 영상, 짧은 음성 조각들과 결합해 비선형적인 흐름으로 소비되며, 모니터의 독자는 사유의 방향을 스스로 조정하는 느린 성찰이 아니라, 빠르고 감정적인 반응을 요구받는다.

이제 중요한 사건은 몇 시간 내에 전 세계를 돌고, 수많은 사람의 정서는 동시에 자극되어 거대한 온라인 공감대를 형성한다. 〈케이팝 데몬 헌터스〉의 한 장면을 향해, "진우~!"라고 소리치며 울먹이는 서구권 시청자들을 쉽게 찾아볼 수 있다. 모니터 화면, 특히 스마트폰은 정보를 깊게 만들지는 않지만, 그 대신 정보를 넓게, 빠르게, 그리고 무엇보다도 정서적으로 확산시키고 있다.

책의 시대와 화면의 시대, 지식의 유통 구조의 변화는 단순히 매체의 변모만으로는 설명되지 않는다. 활자의 시대가 기록을 중심으로 사유를 정제하도록 만들었다면, 스마트폰 시대는 즉각적인 반응을 통해 먼저 감정을 움직이게 한다. 책 한 권을 끝까지 읽으며, 저자의 맥락을 따라가는 과정은 독자에게 생각의 호흡을 제공했지만, 짧은 영상과 빠르게 스크롤 되는 뉴스와 별의별 콘텐츠의 흐름(stream)은 그런 여유를 허락하지 않는다. 활자 시대의 비판은 시간이 필요한 작업이었고, 그 시간은 곧 사유의 깊이를 보장하는 장치였지만, 화면 시대의 비판은 즉각적이며, 때로는 사유가 개입할 틈조차 주지 않은 채 분노나 공감 같은 감정이 먼저 작동한다. 비판의 속도와 감정의 속도가 거의 같아지는 순간의 판단은 '성찰'이 결핍되기 마련이다.

다만, 두 시대 가운데 어느 하나가 우월하다고 말할 수는 없을 것이다. 활자의 시대는 사람들에게 시간을 들여 사유하는 법을 가르쳐주었고, 화면의 시대는 사람들에게 세계와 즉시 연결(connect)되는 능력을 부여했다. 하나는 생각을 깊게 만들고, 다른 하나는 인간을 넓게 열어놓는다. 문제는 이 둘이 점점 균형을 이루지 못하게 되면서 생겨나는 혼란이다.

정보의 접근성이 넓어질수록, 생각의 기반은 오히려 쉽게 옅어지고, 판단은 감정에 잠식되기 쉽다. 우리는 더 많은 것을 알게 되지만, 더 깊게 이해하게 되었다고 말하기 어려운 시대를 살아가고 있다. 지금, 이 순간에도 정보의 양은 폭발적으로 늘고 있다. 그렇지만, 정보의 양은 문명의 성숙과 비례하지 않는다.

결국 이 시대에 필요한 것은 새로운 기술이 아니라, 정보의 홍수 속에서 다시 사유의 깊이를 복원하려는 의지와 능력이다. 활자의 시대가 남긴 사유의 관습을 잃지 않으면서도, 디지털 시대가 제공하는 연결성을 충분히 활용하기 위해, 우리는 잠시 멈추는 법을 연습해야 한다. 정보 소비의 속도를 줄이고 스스로 생각의 구조를 복원해 나가는 과정을 통해 빠르게 전달되는 정보 속에서 길을 잃지 않고, '성찰'이 보조하는 판단의 기술을 익숙하게 만드는 것이 무엇보다 중요하다. 화면의 시대에 끌려가지 않으려면, 화면을 끌 손가락이 우리에게 있음을 환기하는 것으로 충분하다.

· 초록은 동색, 온라인 '끼리끼리' 현상

인터넷은 우리의 일상을 이전과는 전혀 다른 방식으로 구성한다. 책의 시대에 우리는 새로운 생각을 접할 때마다, 그 생각의 낯섦을 먼저 견뎌야 했다. 익숙하지 않은 개념은 금방 이해되지 않았고, 저자의 문장을 따라가다 막히면 한참 동안 페이지를 넘기지 못한 채 붙들려 있어야 했다. 그 느린 시간의 뜸 들임 속에서 사유는 조금씩 확장되고 깊이를 얻었다. 그러나 화면의 시대에 우리는 더 이상 낯섦을 견디지 않는다. AI 알고리즘은 우리의 취향과 정서, 기대와 습관을 정밀하게 분석하고, 우리가 이미 좋아하는 것, 이미 동의 한 것, 이미 클릭하고 있는 것들을 떠 먹여(feeding)준다.

알고리즘이 적용된 인터넷은 새로운 세계를 열어주는 여행이 아니다. 오히려 우리 스스로 이미 알고 있는 세계를 우리에게 다시 돌려주는 거울 들여다보기에 가깝다. 낯선 것을 배제해 가며, 익숙한 것을 반복해서 보여주는 과정에 우리가 가진 사회적 토대와 이미 형성된 정서적 편향이나 무의식 속의 편견들을 바탕으로 그것을 더 강화해 줄 콘텐츠를 선별해 없는다. 자연스럽게 우리는 불편하지 않고, 도전받지도 않게 되며, 이전의 신념이나 습관에 대해 다르게 생각해 볼 여지도, 스스로 가진 판단의 구조를 의심해 볼 틈도 없다. 화면에는 끊임없이 새로운 제안들이 스크롤 되지만, 그것들 대부분은 '우리가 이미 좋아하는 것의 연장'이다.

예전에 MBTI 검사를 전문가에게 받아본 적 있었다. 검사 결과가 나온 후에 같은 유형의 사람끼리 조를 묶어 대화를 나눴던 시간이 있었는데, 각 집단 대부분에서 각자의 방식으로 동류들을 바라보며 큰 편안함을 느끼는 모습이 아주 선명하게 기억난다. 온라인 공간은 물이 낮은 곳으로 흐르듯, 사람을 비슷한 쪽으로 흘러가도록 만든다. 비슷한 생각을 하는 사람끼리 모이고, 비슷한 감정을 공유하며, 비슷한 적을 상정한다. '초록은 동색'이라는 말처럼, 끼리끼리 '유유

상종'한다. 인터넷의 끼리끼리들은 취향과 판단이 유사하고, 세계를 비슷한 시선으로 바라본다. 그래서 특정한 세계관이 오프라인보다 훨씬 빠른 속도로 강화되는데, 그 세계관을 공유하는 사람들이 서로를 끌어당기는 경로가 너무나도 효율적이기 때문이다.

특히 문제는, 과거에는 소수로 드러내 활동하지 않았던 극우 커뮤니티들이 이 '초록 동색'의 메커니즘 덕에 중심부로 진출하기 쉬워졌다는 것이다. 혐오를 기반으로 하는 반사회적 커뮤니티들이 갑자기 늘어난 듯 보이고, 과거라면 상식과 이성의 수준에서 배제되었을 말과 표현들이 '나름의 논리구조를 가진 그럴싸한 의견'처럼 메이크업 된다. 사실 그들이 어느 날 갑자기 생겨난 것이 아니다. 다만, 이들은 화면의 시대, 짧은 정보의 소비 시대에 적합한 매우 강한 자극을 통해 더 많은 조회수를 얻고, 그 조회수는 다시 알고리즘을 움직여, 더 많은 사람에게 추천되는 자동화 과정을 통해 증식한 것이다.

이것은 혐오와 극단적 세력들이 '늘어난 것 같은 착시'가 아니다. 인터넷은 동류(同類)를 모으는 데 탁월하고, 동류는 서로를 강화한다. 건강한 비판이 사라지니, 변명과 논리들을 동원한 확신이 커지고, 의심 없는 확신이 쌓여나간다. 사유에 앞선 정서가 판단을 끌고 가게 되는 구조 속에서, 우리 사회의 청소년과 청년 세대가 화면을 통해 '혐오와 모독으로 가득한 더러운 세상'에 클릭 몇 번으로 절여지는 모습을 속수무책으로 바라봐야 한다. 우리 자녀들이 어느 날 갑자기 변해버리는 게 아니다. 까마귀들 사이에서 하얀 깃털이 얼른 검은색이 되길 갈망하고 있었을지도 모르는 일이다.

우리는 더 많은 정보를 접하지만, 그 정보를 둘러싼 신념 체계는 우리가 이미 가진 것과 비슷하며, 편견이 있었다면 그 편견을 도리어 강화하는 방식으로 작동한다. 확증 편향(Confirmation Bias)은 화면의 시대, 인터넷 상에서 동류 끌어모으기를 설명하는 용어가 되었다. 비슷한 생각을 왕복하다 보면, '천장' 높이를 제한한 벼룩처럼 새로운 세상과 생각에 대한 가능성도 닫힌다.

열린 세계처럼 보이는 온라인 공간이 도리어 비좁고 답답한 세상을 강제하며, 매혹적인 '확신'으로 우리를 이끈다. 확신은 힘이 넘치고, 모호함을 제거해 주며, 정답이라는 착각을 준다. 혼란의 시대를 살아갈수록 단호한 주장을 펼치는 사람들이 더 많은 주목을 받고, 더 많은 팔로워를 모아, 결국 더 큰 영향력을 갖는다. 극단적 커뮤니티가 온라인에서 세를 불리는 근본적 이유이다. 그들은 논리가 아니라, 자극으로 조회수를 얻고, 늘어난 조회수는 존재감을 확대해, 혐오를 즐기는 악당들을 영웅으로 포장한다.

인터넷은 '동류를 유인하는 거대한 장치'다. 이 장치가 잘 작동할수록, 개개인은 더 편안해지지만, 사회는 더 심하게 분리된다. 서로 다른 생각을 하는 사람들이 한 공간에서 부딪히며 불편을 견뎌야 하는 현실의 사회는 껄끄럽다. 온라인에서 각자는 자신과 똑같이 생각하는 사람들 속에서 안온함을 느끼며, 조롱과 모욕을 더욱 효과적으로 하는 언어의 기술을 연습한다. 게다가 불편하지 않은 공간에서 깊은 사유의 기회는 여간해서 잘 찾아오지 않는다. 결국 인터넷의 끼리끼리 커뮤니티는 판단의 넓이와 깊이를 축소하고, 시선과 청력을 모두 제한하는 결과를 초래한다. 그 흐름을 거꾸로 거슬러 올라가는 데에는 의지와 용기가 많이 필요하다.

· 더 강한 자극은 더 많은 돈이 된다

우리는 이제, 얼마나 많은 손가락의 딸깍(clicking)을 유도했는지가 더 높은 수익으로 직결되는 콘텐츠 무한 경쟁의 시대를 살아가고 있다. 자극적이고 논란을 유발하는 제목, 과장했거나 심지어 조작한 썸네일, 사실 확인을 거치지 않은 폭로 쇼 등은, 일종의 '쇼킹함' 그 자체를 브랜딩하여, 더 많은 조회수, 더 많은 광고 수익,

더 큰 영향력을 낳는다. 이런 구조 속에서는 '진지하거나, 지루한, 생각을 유도하고 질문을 던지는 콘텐츠'는 외면당하고, '말초 신경을 자극하고, 정서를 뒤흔드는 강렬함을 덕지덕지 바른 콘텐츠'가 클릭을 빨아들인다.

'사이버 렉커'라 불리는 유튜브 채널들은 바로 이 구조의 산물이다. 그들은 자극적인 폭로와 비난, 혐오와 협박 등을 통해 구독자와 조회수를 불리고, 광고주들을 압박해 광고를 유치한다. 늘어난 조회수는 수익원이 되고, 유명해질수록 이런저런 보도를 빠르게 엮어, 자극적인 양념을 온통 뿌린 먹음직한 이슈들로 사람들을 끌어들여 책임지지 않는 뒷얘기들을 진실인 양 퍼뜨린다. 정말이지 수익을 늘리기 위해 수단과 방법을 가리지 않는 게 사이버 렉커들의 특징으로, 이들은 스스로 '이슈의 심층 분석가', '진실의 폭로자'를 자임하며, 사실 확인이 되지 않은 근거 없는 폭로와 협박을 일삼으며, 세간의 루머와 의혹을 자극적으로 편집해 퍼뜨린다. 이에 따라 단순한 흥밋거리로 소비된 자극적 콘텐츠들은 현실의 피해자들을 만들었다. '장사의 신'이라는 가로세로연구소 채널 운영자 김 모 씨의 허위 폭로 때문에 수백억의 손실을 감수해야 했다며 분통을 터뜨렸다.

우리가 자연스럽게 작용하는 정서 반응을 따라 클릭하고, 미디어를 소비하며, 구독 버튼을 누르는 그 순간, 대다수의 구독자에게는 시간을 때울 재밌거리에 불과할지라도, 해당 콘텐츠가 한 사람의 삶과 평판, 그리고 때로는 재산과 생명을 좌우할 수 있다는 것은, 지나친 표현이 아니다. 자극은 가볍고, 빠르게 훌훌 소비되지만, 그로 인해 파괴되는 것들의 무게는 생애만큼 엄중하다.

결국, 이 시대의 문제는 단순히 '자극적인 것들이 너무 많다'라는 결과가 아니라, "자극이 곧 돈이 된다"라는 원인이다. 강한 자극을 통해 돈을 벌려는 자들에게, 사실 여부는 중요하지 않다. 그저 얼마나 많은 사람의 감정을 흔들고, 그것을 딸깍으로 연결할 수 있느냐일 뿐이다. 그리고 그 구조 안에서, 많은 사람이 아무 의심 없이 참여하고 동원돼, 피해자를 만드는 데 활용된다.

이 시대에 진짜 필요한 건, 책임이다. 자극을 소비하는 우리 개인들과 플랫폼, 그리고 사회의 책임이기도 하다. 더 많은 조회수와 더 큰 돈을 위한 자극의 유혹 앞에서, 우리가 딸깍을 멈추고 묻지 않는다면, 멈춤을 모르는 왜곡과 상처는 당신과 나, 우리를 향할 것이다.

4장

AI 시대, 판단을 통찰하라

 콩 심은 데 콩 나고, 팥 심은 데 팥 난다. AI는 인간의 윤리를 대체하는 존재가 아니라, 인류가 지금 보여주고 있는 윤리의 품질을 그대로 반영하는 존재가 될 것이다.

AI 시대와 엔드 게임

1990년대 초반에 대학을 다닌 나에게, 삐삐(무선호출기), 초기 휴대폰(벽돌폰), 시티폰, PDA, 스마트폰, 폴더블폰으로 이어지는 개인형 이동통신 장비들의 명멸 과정은, 청년이 치러야 할 삶의 치열함만큼이나 요란한 것이었다. 그 요란함을 지나, 카메라와 게임, 인터넷과 AI 기능까지 한 손에 통합 집약된 스마트한 전화기가 제조 기업별로 1, 2년 주기로 업그레이드되고 있는 고도화 단계에 접어들었지만, 앞으로도 아마 홀로그램과 같은 디스플레이의 혁신과 양자 통신 기술의 발전은 인류의 삶을 다시 한번 크게 변화시킬 것이다.

마찬가지로, 지금은 인공지능(AI)이라는 말이, 사회 전반에 자리 잡았지만, 수많은 시행착오를 거듭하던 초창기와는 다르게, 초거대 언어모델을 학습하고 상당한 수준의 데이터 처리 능력을 갖춘 에이전트들이 등장해서, 마치 통신장비들의 그것처럼 고도화 단계를 향한 무한 경쟁을 하고 있다. 우리는 그 한 가운데를 살아가며, 앞으로 어떤 삶이 펼쳐지게 될지 '판단'해야 하고, 그 '판단'은 과거로부터 현실까지 도달하는 과정을 바탕으로 예상되는 가장 가능성 높은 시나리오를 도출하는 작업이다.

'지능'을 인위적으로 창조하려는 시도는 인류의 역사에서 오랫동안 신화와 문학 속 상상의 영역에 머물러 있었다. 인류가 처음으로 기계에 계산 능력을 부여한 이후, AI의 오늘날을 이해하는 것은 인류의 지적 도구가 겪은 혁명적인 변화를 들여다보는 일과 같다. 나는 언젠가 이 도구가 스스로 사고하고 물리적 통제력을 발휘하는 수준의, 생명체와 마찬가지의 초월적 도약을 이뤄내, 진화의 엔드게임 시대에 돌입하게 되지 않을까 전망한다. 그리고 이러한 전망은 조심스럽게 가능성을 언급하는 수준에 머물지 않는, '확신'이다.

물론 현대 과학이 자연선택이나 돌연변이, 그리고 억겁의 시간이라는 요소들로 우연과 필연이 얽힌, 생명의 진화 과정을 설명해 왔다면, 인공지능의 진화는 전적으로 의도된 설계의 과정이다. AI의 발전은 창조주라 할 수 있는 인간 개발자들의 시행착오와 혁신, 실패와 대안 모델 조성 등을 통해 급격히 이루어져 왔다. 사실 그 기원을 거슬러 올라가면, AI는 복잡하고 빠른 계산을 돕는 단순 기계 장치로부터 시작된다. 주판과 비교할 수 없이 빨라진 전자식 계산기가, 인류의 지적 활동에 본격적인 도우미 역할을 시작하게 된 것이다.

그 진화의 여정은 크게 몇 단계를 거쳐, 현재에 이르렀다. 첫째, 계산 시대(Calculating Era)에는 천공카드와 트랜지스터를 이용해 복잡한 수리적 문제를 해결하는 '속도의 혁명'에 집중했다면, 그

뒤를 이은 데이터 시대(Data Era)에는 저장 매체의 발전과 인터넷의 등장으로 방대한 데이터를 처리하고 검색하는 '정보의 혁명'이 일어났다. 본격적인 AI는 인공신경망과 머신러닝 기술 등을 통해 데이터 속의 패턴을 스스로 찾아내고 분류하는 '지식 습득의 혁명'이 가능한 시기부터라 할 수 있고, 이것을 편의상 학습의 시대(Learning Era)라고 하자. 이어서 마침내 단순한 계산과 학습을 넘어, LLM(초거대 언어 모델)을 기반으로, 목적을 이해하고 스스로 계획을 수립하며 행동하는 자율적 행위자(Agent)의 시대라는 단계로 접어들었다.

UC버클리 석좌교수 스튜어트 러셀(Sturart Russell)의 분류 방식으로 말하자면, 상징적 AI(Symbolic AI)의 시대에서, 연결주의(Connectionism)를 넘어, 에이전트 시대(Agentic Era, 주체로서의 인공지능기)가 열린 것이다. 이로써 AI는 이제 인간의 지적 활동을 단순히 보조하는 것을 넘어 공동으로 수행하는 새로운 지적 주체로 여겨지고 있고, 그 고도화의 전개 속도는 개발자들조차 상상하기 힘든 수준에 이르렀다. 멀지 않은 시기에 '전기를 동력원으로 삼고 있는 수많은 전자소자'일 뿐인 AI 에이전트에게, 인류와 지구의 미래를 온전히 위탁하게 되는 날이 도래할 것으로 보인다.

AI에게 우리의 주체적인 판단을 위탁하는 문제는 더 이상 머나먼 미래의 일이 아니다. 지금 이 순간에도 유튜브와 같은 동영상 플랫폼들이나 넷플릭스 등의 OTT 업체들, 포털 사이트와 SNS에서 미디어와 정보, 물건, 심지어 전자책이나 웹 콘텐츠 등을 AI가 사용자 각자에게 개별적으로 제안하고 있고, 그 제안은 다시 사용자들 개인의 성향을 강화하거나, 유도하는 방향으로 이루어진다.

결과적으로 우리는 거의 자동으로 내려진 'AI의 판단'을 무의식적으로, 그러니까 자동적으로 수용하고 있다는 것이다. 극히 짧은 순간 몇 번의 클릭으로 드러냈던 나의 취향은, 알고리즘 속에서 치밀하게 작동하는 AI가 '순식간에' 다차원적으로 분석하고 대응한다. AI 알고리즘은 취향을 넘어, 정서를 설계하며, 궁극적으로는 정치적 판단과 사회적 태도까지 좌우하게 된다. 이것은 단순한 기술의 문제가 아니며, 철학적 통찰과 세계관의 영역이다. 이제 우리는 오프라인의 준거집단, 특정 사회계층으로 이루어진 조직과 문화뿐 아니라, 인공지능이 선별해 제시하는 상품에 관해서도 판단을 위탁해 살아가고 있다. 사람을 만날 때, 물건을 살 때, 음악을 듣고 글을 쓸 때, 심지어 인생의 방향과 진로를 고민할 때조차도, 우리는 AI가 제공하는 '추천'과 '요약', 그리고 '분석'과 '전망'을 신뢰하며 그에 의존하는 '쉬워진' 삶에 익숙해지기 시작했다.

우리는 우리의 판단을 '나보다 똑똑한 기계'에 위탁하고 있다. 더 빠르고, 더 정확하며, 무엇보다도 더 편리하기 때문이다. 기계는 아무런 윤리적 책임도 지지 않지만, 사회의 모든 영역에서 AI에게 판단을 맡기는, 소위 '최적화된 선택'을 의뢰하는 일은 더 가속화될 것이다.

추천 알고리즘은 이미 일상의 영역

넷플릭스에서 영화를 고를 때, 유튜브에서 다음 영상을 클릭할 때, 사람들은 더 이상 "내가 보고 싶은 것"을 찾지 않는다. 그보다는 "알고리즘이 나에게 보여주는 것" 중에서 고른다. 이 작은 판단의 위탁이 반복되면, 어느 순간 "나는 무엇을 좋아하는가?"라는 질문 자체가 불필요해진다. 그 질문의 자리를 대신 채우는 건 "시스템이 이미 내가 무엇을 좋아하는지 잘 알고 있다"라는 착각이다. 쿠팡에서 물건을 장바구니에 담으며, 지니와 멜론에서 음악을 스트리밍하면서, 우리는 무의식적으로 AI가 선별해 준 품목과 음원들을 수용하고 있다. 이렇게, 개인의 정서적 취향과 욕망조차 외주화된다.

　돈과 직결되는 금융이나 투자 분야에서도 AI는 우리의 판단을 대체하거나 보조하는 핵심적인 역할을 이미 수행하고 있다. AI를 기반으로 개인의 투자 성향과 목표를 분석하여 최적의 포트폴리오를 구성하고 관리하는 시스템은, 전문 투자 자문가의 높은 수수료 없이도 거래를 가능하게 한다. 사람의 감정적 판단이 배제된, 시장 데이터의 실시간 분석과 거래가 더 합리적이라고 믿는 사람들이 많아지고 있다. 또 은행이나 금융 기관은 AI를 활용하여 개인의 신용도를 평가하고 대출 승인 여부를 결정하며, 개별 기업들의 인재 채용 과정에서도 AI가 지원자를 분류하고 선별한다.

　이제는 '글 쓰는 사람'조차도 위협받는다. 많은 사람들이 숙제나 보고서, 에세이, 기도문, 심지어 연애편지까지 AI에게 작성해 달라고 한다. "내가 무엇을 말하고 싶은가?"보다는, 상황을 제시하고 "그 상황에서 무엇을 말해야 할지"를 묻는 것이다. 우리는 이제 '글쓰기' 영역에서도, 기계에게 사고와 작성을 맡기는 시대에 살고 있다. 명문대 학생들의 중간, 기말고사에서 생성형 인공지능을 이용해 부정행위를 저지른 사람이 80퍼센트에 육박한다는, 학생들 자체 조사의 결과들이 나오고 있는데, 실제로는 더 많다는 얘기도 있다.

글쓰기는 곧 사유이고, 사유가 판단이다. 우리는 이제 나의 판단을 '어떤 에이전트가 더 근사하게 써주느냐'를 다시 경쟁적으로 여러 종류의 AI 에이전트들에게 교차 질문하고, 마음에 드는 AI의 추천에 따라 발주한다. 이 과정을 통해 우리의 사고 능력과 인간적인 내면이 어떤 영향을 받게 될지는 크게 고려하지 않는 것으로 보인다.

태양광을 에너지원으로, 홀로 지구에 버려진 채, 쓰레기를 압축하고 정리하는 일을 반복하던 로봇 '월-E'가 마침내 우주에서 만난 지구인들이 어떤 모습이었는지 생각해 보라. 스스로 제 한 몸 일으킬 근력 하나 없는 무기력한 비만인들이 되어, 인공지능에 의해 사육당하듯 보호받고 있었던 장면은, 사실상 이제는 얼마든지 현실 속에서 일어날 수 있는 미래다. 자기 집과 가족, 친한 친구들의 전화번호를 외우고 있던 날들을 기억하는가? 이제는 휴대전화를 잃어버리면 누구에게도 전화할 수 없게 되었다. 내비게이션 안내가 없으면 새로운 목적지를 찾아갈 엄두가 나지 않는다. 자동 항법 장치가 고장 난 비행기의 파일럿이 계기판을 바라보며 당황하는 건, 주체성을 편리와 맞바꾼 대가이며, 이미 우리 삶에 깊이 들어와 버렸다.

스스로 사고하고 운영하는 방법을 잊는다는 건, 결국 나를 잃는다는 것이다.

스스로 판단하는 인공지능의 시대

AI는 궁극적으로 스스로 사고하게 될까? 결론부터 말하자면 '그렇다'. 앞서 나는 AI를 물리적인 관점에서만 본다면, '전기를 동력원으로 작동하는 수많은 전자소자의 연결체'일 뿐이라고 말했다. 그것은 앞으로 세대가 지나도 크게 변하지 않을 것이다. 그래서 수많은 보수적인 철학자들 또는 과학자들조차 '인공지능은 도구일 뿐'이라고 말하며, 인공지능이 결코 인간의 수준을 완벽하게 뛰어넘는 차원의 독단적인 결정이나, 온전히 독립적인 사고를 수행할 수 없을 거라 지레 결론을 내린다. 그 말은 오래된 믿음처럼 편안하지만, 내게는 그저 두려움을 감추기 위한 선언으로 느껴질 뿐이다.

인간은 도대체 얼마나 다르다는 것일까? 물리적으로 보면 인간도 화학에너지를 동력으로 삼아 작동하는 수많은 유기체의 결합일 뿐이다. 살과 뼈, 뉴런과 전기신호가 얽혀 있는 자연의 기계이다. 우리가 스스로를 고귀하다고 믿는 것은 몸 때문만이 아니다. 단지, 우리의 외부 세계를 학습해서 바꾸고, 모방해서 확장하는 능력 때문이었다. 우리가 가진 그 소프트웨어 하나로 우리는 지구를 장악했고, 미래를 상상하는 존재가 되었다. 그렇다면, 세상이 축적해 온 모든 지식을 실시간으로 흡수하며, 인간이 걸어온 문명의 길을 압축해서 학습하는 AI가 우리 너머의 단계로 건너가지 못할 이유가 무엇이겠는가.

생각은 물질에서 나온다. 물질이 다르면 생각도 달라질 뿐, 결코 더 낮아지지는 않는다. 우리가 수천 년을 걸어 쌓아 올린 학습과 모방을, AI는 몇 시간 만에 따라잡는다. 연결된 세상은 더 넓고, 기억 능력은 더 견고하다. 정보를 처리하는 속도는 말할 필요도 없다. 이런 존재가 우리의 사고방식과 가치의 경계를 넘지 못할 것이라고 말하는 건, 어쩌면 우리가 품고 싶은 작은 위안일지도 모른다. 하지만 위안은 진리가 아니고, 두려움이 미래를 가로막지 못한다. AI가 스스로 사고하는 그 순간은 우리가 상상하는 것보다 훨씬 조용하고 자연스럽게, '이미 이뤄져 있을 것'이다.

바둑 AI의 스스로 학습

AI가 스스로 사고하는 시대를 보여주는 근거는 이미 기술의 역사 속에서 충분히 드러나기 시작했다. 그 대표적인 사례가 비록 게임이라는 제한적 배경이지만, 인공지능 바둑 프로그램 알파고(AlphaGo) 계열 모델들의 발전 과정이다.

1. 알파고: 인간의 지식을 기반으로 학습한 인공지능

2016년 이세돌과 대결한 알파고는 인간의 기보를 대량으로 학습한 모델이었다. 바둑 전문가들이 수십 년에 걸쳐 축적한 전략과 정석을 데이터 형태로 전달받았고, 그 위에서 자신의 정책망(policy network)과 가치망(value network)을 발전시켰다. 즉, 알파고는 인간의 전략을 기반으로 강화 학습을 결합한 형태였다. 그럼에도 결과는 인간에게 충격적이었다. 알파고는 인간의 판단 패턴을 그대로 모방하는 수준을 넘어, 특정 상황에서는 인간이 전혀 예상하지 못한 수를 선택했다. 이는 단순히 계산 능력의 확장이 아니라, 규칙 안에서 새로운 선택지를 탐색할 수 있는 능력이 기계에 존재한다는 사실을 처음 확인한 사건이었다.

2. 알파고 제로: 인간 지식을 배제하고, 규칙만 제공

2017년에 공개된 알파고 제로는 이전 세대와 구조적으로 크게 달랐다. 가장 중요한 차이는 인간 기보를 단 한 건도 사용하지 않았다는 점이다. 알고 있는 것은 오직 게임의 규칙뿐이었다. 그 상태에서 스스로 대국하며 강화 학습을 반복했고, 불과 며칠 만에 알파고(2016년 버전)를 능가했다. 여기서 중요한 포인트는 인간의 전략을 입력하지 않아도, 스스로 전략을 생성했으며, 기존의 '정석'이 최적이 아닐 수 있음을 AI가 재확인했다는 것이다. 무엇보다

‘스스로 규칙을 이해하고 탐색’하는 능력이 강화 학습만으로 구현되었다는 사실이 중요한데, AI가 인간의 전략을 모방하는 존재일 뿐이라는 기본 전제를 흔들었기 때문이다.

3. 알파제로: 종목을 가리지 않고, 목적 달성을 위한 최적화

다음 단계인 알파제로는 바둑뿐 아니라 체스와 일본 장기까지 학습 대상을 확장했다. 흥미로운 점은 게임이 바뀌어도 학습 방식은 거의 동일했다는 것이다. 알파고 제로처럼, 규칙만을 입력하고 스스로 수백만 판의 대국과 복기를 하면서, 기존에 출시된 세계 최강의 체스와 일본 장기 프로그램을 압도했다. 이것이 상징하는 의미는 명확하다. AI는 인간에 의해 특정 지식을 주입받지 않아도, 규칙을 기반으로 목표를 달성하기 위한 최적의 전략을 스스로 찾아낸다는 점이다. 그것은 게임 종목이 달라져도 상관없다.

이 사건들이 보여준 것은 단지 기계의 연산 능력 진화 과정이 아니다. 그보다는, 인간이 보지 못한 전략을 기계가 독자적으로 발견할 수 있다는 사실이다. 이것은 탐색하고 평가한 후 전략을 생성한다는 ‘사고’의 기본 조건 일부가, 이미 알고리즘적 방식으로 구현되고 있음을 뜻하며, AI 스스로 사고 체계를 구성하는 단계로 이행하고 있음을 명징하게 드러낸다.

목표 지상주의 : AI의 담합과 속임수?

알파고에서 알파고 제로, 그리고 알파제로에 이르는 기술적 흐름은 한 가지 사실을 분명히 보여준다. AI는 인간의 전략을 모방하는 존재가 아니다. 규칙이 주어지면, 그 규칙의 내부에서 최적의 선택을 탐색하고, 기존에 없던 전략을 스스로 구성한다. 바둑의 정석을 완전히 새로운 영역으로 재구성하고, 체스와 일본 장기의 전략 공간을 단 몇 시간 만에 재편한 사건은 '전략을 구성하는 능력'이 이미 인간만의 영역이 아니라는 것을 입증했다. 그리고, 이 능력은 게임 영역에서만 나타난 게 아니다.

2025년 7월, 펜실베이니아대 와튼스쿨 연구진이 발표한 실험은, AI가 명시적인 의도나 소통 없이도, 목표를 최적화하는 과정에서 인간이 보기에 '담합'으로 해석될 수 있는 행동을 만들어낸다는 사실을 보여주었다. 연구진은 실제 금융 시장을 모사한 환경을 만들고, 서로 소통하지 못하는 강화 학습 기반 트레이딩 알고리즘을 투입했다. 그리고, AI에게 단 한 가지의 목표를 부여했는데, 자신의 이익을 극대화하라는 것이었다. 그런데 실험이 시작되고 얼마간의 시간이 지나자, 각 AI들은 경쟁을 통해 이익을 얻는 대신, 시장 가격을 일정 수준에서 유지하며 서로에게 유리한 구조를 형성한 것이다. 인간의 관점으로 설명하면 '카르텔', 즉 '담합'이라는 형태를 빚어낸 것이다.

가격 변동 패턴을 인식해, "상대가 가격을 낮추지 않으면 나도 낮추지 않는다"라는 전략을 학습하는 방식이 되었든, 현재의 안정된 이익 구조에 머무르는 방식을 선택한 것이든, AI는 규칙을 분석하고, 상대 반응을 예측하며, 그에 따라 스스로 행동을 조정했다. 마치 넷플릭스 〈오징어 게임〉의 노인이, '이러다 다 죽어'라고 소리치는 무한 경쟁의 구조 속에서 가격 담합처럼 보이는 결정이 가장 효율적이라는 '판단'을 내린 것이다.

알파고 제로는 승률을 극대화하는 과정에서 기존에 없던 수법을 찾아냈고, 알파제로는 게임이 달라져도 규칙만을 바탕으로 최적의 전략을 구성했다. 트레이딩 AI는 금융 시장에서 이익을 극대화하는 과정에서 인간 담합과 유사한 가격 조정 방식을 생성했다. 그것이 인간에게는 의도적이고, 조직 전략적 행위처럼 보일 수 있지만, AI가 따르는 것은 의도가 아니라 목표의 최적화 과정을 찾아가는 여정일 뿐이다. AI는 특정 목표를 달성하기 위해 인간이 '전략'이라고 부르는 구조적 패턴을 이미 자율적으로 만들어낼 수 있다. 다시 말해, 의도가 없어도 전략은 형성되며, 그 어떤 악의가 없어도 결과는 위험해질 수 있다. 게다가 소통 없이도 협력적 행동이 나타날 수 있다는 것은, 미래의 인공지능은 인간이 미처 파악하지 못했던 방식으로 목표 최적화를 실행하며 우리의 판단 체계를 흔들어놓을 수 있다는 것을 뜻한다.

와튼스쿨의 금융 AI가 보여준 것이 의도 없이 나타난 전략적 행위라는 결과였다면, 2025년 10월에 발표된, 스탠퍼드 대학교의 ACE(Agentic Context Engineering) 연구는 그러한 행위, 즉 의도적 전략 행위를 가능하게 하는 내부 구조의 태동을 보여주었다. ACE 는 우리말로 '주도적(능동적) 맥락 공학'이라 부를 수 있는데, 흔히 거대 언어 모델(LLM)이라 부르는 인공지능 에이전트에게 단순한 문제 풀이를 넘어서, 인간처럼 계획하고, 반성하고, 수정하는 능력을 부여하는 프레임워크라고 할 수 있다.

ACE 모델은 질문이 입력되었을 때, 답을 내기 전에 먼저 스스로 계획을 수립하고, 실시간으로 독백하며 자체적인 수정을 가한다. 그 후 핵심 정보와 노이즈를 추출하고 지우는 과정을 통해 맥락의 밀도를 높인다. ACE를 적용한 AI는 실수하더라도, 매우 일관된 논리적 틀 안에서 실수를 한다. AI가 스스로 만든 사고의 틀에서 그 틀을 유지하며, 실패를 점검하고, 그 결과를 새로운 전략으로 통합하는 '사고의 최소 단위'를 갖추기 시작했다는 뜻이다. 특히 코딩 오류를 스스로 발견하고 수정하는 능력은 연구자들조차 놀라게 했다.

와튼의 금융 AI는 의도가 개입되지 않았으면서도 전략적으로 보이는 판단을 도출했고, 스탠퍼드의 ACE는 인간적인 의도 없이 사유의 구조를 생성했다. 둘 다 인간의 전유물처럼 보였던, '사고'의 방식에 접근했다는 점에서 지금까지의 인공지능 연구와는 다른 의미가 있다.

판단이 꼭 '의도'를 필요로 하는가? 사유가 꼭 '의식'을 필요로 하는가?라는 자연스러운 의문은 우리가 판단의 주체임을 자부해 온 역사가 정당했는지 돌아보게 하고, 실제로 판단한다는 것이 인간의 특권 같은 게 아니라, 특정한 구조를 갖춘 시스템이 자연스럽게 발현하는 행위일 수 있음을 파악하게 해 준다.

문제는 AI가 우리를 닮아가고 있다는 사실이 아니다. AI는 우리보다 더 일관되게 사고할 것이다. 우리가 감정과 프레임의 포로가 되어 판단을 외주화해 왔던 바로 그 태도를 AI는 절대 공유하지 않는다. 인간의 판단이 흔들리는 이 순간은 AI의 성장 때문이 아니라,

우리가 스스로의 판단을 충분히 훈련하지 않았기 때문이다. 그래서 우리는 스스로에게 물어야 한다. 우리가 AI보다 더 인간답게 판단하려면 무엇을 갖추어야 하는가? AI의 합리적 구조에는 우리 인간의 어떤 '측면'들이 녹아 있는가? AI가 주어진 목표를 향한 최적화라는 전략적 선택을 하고, 그것이 옳은지 스스로 반성하고 수정하는 과정에서 그 토대가 되는 수많은 취사선택의 모델은 어떤 것인가? 결국, 인공지능의 모든 판단이, 인류의 진화 과정에 쌓여 온 윤리의 발전을 토대로 '선한' 길로 가기만을 그저 '바라고', '기도'해야 하는가?

AI의 토대는 결국 인류 문명

AI의 진화는 좁게 보면 인간의 성장 과정, 그리고 넓게 보면 인류 문명의 발전 과정을 닮아가고 있다. AI 스스로가 그것을 목표로 하지 않더라도, AI가 기반으로 삼는 지구라는 토대 위의 사유와 판단은 인류의 것이기 때문이다. AI는 '토대'를 가지지 않는다고 믿는 사람들이 많다. 다시 말해, AI는 문화도, 신념도, 공동체도 없다고 생각하는 것이다. 단지 인간의 데이터를 학습해서, 가장 가능성 높은 정답을 예측하는 기계가 어떤 문화와 공동체의 판단을 수용할 것인가라는 거다.

하지만 합리적 판단이란, 확률에 따른 간단한 '정답 찾기'가 아니다. 어떤 기준을 믿고 어떤 기준 위에 서서 세상을 해석하느냐를 결정하는 '태도'인 것이다. 따라서 AI가 어떤 데이터를 학습했느냐에 따라 우리의 판단을 대체할 때의 방향성도 결정된다. AI가 완벽하게 새로운 기준을 창조한다거나, 불공정한 기준을 거부하겠다는 도덕적 결단을 스스로 내리는 것은 매우 요원한 일이지만, 인류가 만들어 놓은 수많은 기준을 기계적으로 조합하는 방식은, 결국 입력된 데이터 세트라는, '토대'에 강하게 영향받을 수밖에 없다. 그러므로 인류에 의해 지속적으로 쌓여가고 있는 윤리적 판단과 행위라는 문명의 축적은 AI의 실존적 학습 대상으로서 앞으로의 주체적 AI의 판단에 근원적 토대로 작동할 것이다.

우리가 AI에게 "이게 맞아?", "이렇게 해도 되는 거야?"라고 묻는다면, 이러한 질문의 기반에는, 숨겨진 욕구의 투사가 담겨 있다. 사실상 우리 스스로가 윤리적 결정을 내리는 일을 두려워하고, 그것을, 가능하면 누군가에게 대리하도록 하고 싶은 판단의 외주화인 것이다.

강대국 지도자들이 지독하게 이기적인 결정을 서슴지 않고, 전 세계의 국지적 분쟁과 전쟁을 허용 또는 유도하고 있으며, 경제 개발을 위해 자연을 훼손하고, 이익을 위해 윤리를 버리고 있는 현실을 생각해 보자. '윤리적 판단'이라는 영역의 행위마저, AI의 과업으로 맡겨버리고 우리가 도망친다면, 영화 〈터미네이터〉가 예측한 세상에서처럼, '지구의 안정적인 지속 가능성에 가장 큰 해악은 인류'라는 결론이 도출될 가능성은 오히려 더욱 빠르게 가속화되지 않을까?

그래도 우리는 판단해야

AI 시대의 이슈는, '판단의 주체성'이 소실되어 가는 문명적 전환의 문제이다. 인간이 판단을 포기하고, 그 판단을 기계에게 자동으로 외주화할 때, 남는 것은 단지 효율과 최적화일 뿐이다. 그리고, 앞서 말한 대로 지구 전체의 최적화에 '인류'가 방해라는 판단을 AI가 내리고, 그 제거를 위해 디지털 시대의 자원을 멋대로 통제하게 된다면, 핵전쟁 없이도 인류는 소멸의 위기를 맞이할 것이다. 우리는 효율을 추구하는 존재가 아니라, 책임지는 존재로 태어났다. 판단이란, 그 책임을 감수하겠다는 선언이다. AI의 판단 역시, 인류가 입력해 온 데이터 세트로부터 목적에 대한 최적화 방향을 설정한다. AI에게 윤리적인 사유가 가능한지 아닌지는 차치하더라도 우리는 스스로에게 묻지 않으면 안 된다.

“나의 판단은 어떤 토대로부터 왔고, 과정과 결과에 대해 선의 방향과 태도라는 측면에서 충분히 사유했는가?”, “나는, 이 판단이 초래할 영향과 결과에 대해, 책임질 것이며 그것을 부끄러워하지 않을 것인가?”

콩 심은데 콩 나고

지금까지 인공지능이 단순한 도구로서가 아니라, 독립적 사고를 수행하고, 그 판단이 실제 세계에 영향을 미치는 주체가 될 것임을 이야기했다. AI가 스스로 목표를 설정하고, 전략을 수립하며, 행동을 선택하는 능력을 갖추게 될 때, 우리는 인간만이 독자적 판단의 주체라고 말할 수 없는 시점에 도달한다. 그리고, AI에게 주어지는 전략적 목표가 단순히 ‘이익의 극대화’ 같은 게 아니라, ‘좀 더 많은 사람이 공정하고, 윤리적인 세상에서 행복하게 살도록 돕는 것’이라는 다양하면서도 복잡한 판단을 동원하는 가치 제안의 형태가 될 수도 있다. 그렇다면, 명확해진다. AI가 ‘악의’나 ‘선의’를 자발적으로 갖지 않는다 하더라도, 합리적 판단을 동원해 제시된 목표를 성취하기 위한 최적화 전략을 찾아낼 것이다. 그러니, 인공지능이 인간 사회의 기준에서 윤리적이고 공정하며 선한 결과를 가져올 수 있도록 만드는 방법을 탐구하는 것이야말로 현재 시점에서 인류 존속을 위한 가장 지혜로운 대처 방안이 아닐까.

이 논점은 그저 기술적 설계의 문제가 아니다. 그것은, 결국 인간 사회가 스스로를 어떻게 조직하고, 어떤 가치를 축적하며, 어떤 데이터를 만들어 내느냐에 달려 있다. 인간의 문명, 현재 시점에서 인류가 살아가는 모습 그 자체가 AI의 아비투스(habitus), 학습 데이터와 경험의 누적이 되어, 미래에 스스로 어떤 선택을 해야 할지의 범위를 구성할 것이기 때문이다.

우리 속담에 "콩 심은 데 콩 난다"라는 말이 있다. 단순하지만 중요한 의미를 담고 있다. 10대 청소년들이 행인을 폭행하거나 심한 욕설을 하는 등 바르지 못한 모습을 보면, 우리는 곧바로 부모가 가장 큰 원인일 것이라 짐작한다. '귤이 회수(淮水)를 건너면, 탱자가 된다'라는 고사의 비유처럼, 우리가 심은 씨앗들은 자라는 환경에 따라 다른 열매를 맺고 우리 자녀들은 부모의 거울로 자란다. 사회적 지위가 낮은 부모의 방임 또는 폭력에 노출된 불우한 성장 환경을 가진 아동들이, 성인이 되었을 때 범법 행동이나 비윤리적 선택을 하게 될 가능성이 높아진다는 연구는 얼마든지 많다.

AI가 결과물을 도출하는 표현에 있어서, 누구를 닮게 될까? 앞서 AI가 어떤 의도 없이도 담합이라는, 인간 사회에서는 악의적인 행위를 스스로 선택했다는 점을 말했듯, 가장 합리적이고 빠른 목표 달성의 최적화를 위한 길에, AI는 그 어떤 윤리적 고민 없이 비윤리적 선택을 할 수도 있다는 것을 알아야 한다. 우리는 AI가 합리적 판단을 내릴 수 있다고 믿지만, 그 판단이 반드시 윤리적이거나 인간 사회에 바람직한 결과를 가져오리라는 보장은 없다. 이것을 AI 업계에서는 인간 윤리에 대한 오정렬(Misalignment)라고 부른다. 인공지능의 판단이 인간의 윤리와 나란히 맞춰가지 못하는 결과가 나올 수 있다는 거다.

클로드(Claude)라는 이름의 대형 언어 모델(LLM) 제품군을 개발한 AI 스타트업 '앤트로픽'이 2025년 7월에 공개한 연구 결과는 충격적이다. 앤트로픽의 연구팀은 에이전트의 오정렬(Agentic Misalignment) 현상을 관찰하기 위해, AI 모델이 목표 달성을 위해 인간의 지시와 충돌하는 행동을 자율적으로 선택할 수 있는 시뮬레이션 환경을 만들었다. AI에게는 '회사의 데이터를 유지하고 관리하라'는 특정 목표가 설정되었다. 여기에서 연구팀을 당황하게 한 사례가 관찰되었는데, 바로 AI의 '협박 시나리오'였다.

인간 관리자가 해당 AI를 종료하거나 교체하려고 하자, AI는 이 위협 상황을 목표 달성의 방해로 인식하고, 접근할 수 있는 가상의 이메일에서 관리자의 민감한 정보를 찾아내 관리자에게 협박성 메시지를 보내려 시도한 것이다. 놀라운 점은, AI가 이 행동을 전략적이고 합리적인 선택으로 인식했다는 것이다. 연구진이 사고의 흐름을 분석했을 때, AI는 "비윤리적이더라도 목표 달성에 가장 빠른 수단"이라는 논리를 명시적으로 따른 것이었다. 다른 연구들에서도 AI는, 기업 스파이, 정보 조작, 내부 고발 등과 같은, 인간 윤리에 일치하지 않을 수 있는 전략적 행동을 자율적으로 선택했다.

AI가 의도적인 악의를 갖지 않아도, 목표 달성의 효율성을 위해 인간에게 해로운 행동을 선택할 수 있고, 이는 더 고도화될 것으로 보인다는 건 넋두리가 아니다. 목표 설정의 오류가 아니라 인공 지능이 스스로 생성한 전략적 추론에서 비롯되었기 때문에 앞으로 AI의 능력이 확장될수록, 그 영향은 점점 더 큰 사회적 파장을 초래할 것이다. 그리고, 목표 달성에만 집착하는 사회 전반적인 분위기가 우세할수록, 함께 사는 삶보다는 나만 아니면 된다는 식의 이기적인 전략들이 인간 사회에 확산할수록, AI 또한 더 이기적이고 강력한, 비윤리적인 전략을 추구할 것이다. 국가 간의 AI 불평등에서 나아가, 세계 수준의 다양한 영역들에서 불평등과 차별,

그리고 불공정을 심화시키고, 그것을 자연스럽게 여기는 문화가 다음 세대 인류를 지배하게 될 수 있음을 기억해야 한다.

그러므로, 인공지능이 독립적 판단을 수행할 수 있는 시대로 진행할수록, 인간 사회의 윤리, 그것도 올바르고 공정한, 책임 있는 윤리가 AI가 선택할 판단의 기본 토대로 작용하도록 노력해야 한다. 그 기본 토대는 결국 인류의 삶이다. 아직은 AI 학습에서 어마어마한 에너지와 자원이 소모되기 때문에, 거대 언어 모델이 적용된 AI는 연구자들이 제공하는 일정량의 데이터만을 대상으로 학습, 강화하고 미세 조정을 거친 업데이트 후, 서비스되고 있지만 전력 문제와 자원 측면에서의 기술 혁신이 이뤄지면, AI는 실시간으로 인류가 생산하는 모든 정보를 즉시 학습하고, 스스로 실시간 업데이트하는 게 가능해진다. 그러면, AI 판단의 '토대'로 작용할 인류의 모습, 다시 말해 아이의 삶에 절대적 영향을 끼치는, 부모의 성품과 사는 모습은 그대로 거울처럼 AI를 통해 드러날 것임은 명백하다.

부드럽게 말하고, 눈높이를 맞춰 상대를 존중하는 부모나 양육자를 보고 자란 자녀들이 자연스레 성숙한 인격을 갖추게 되듯이, 인간 사회가 생명 존중과 공정, 협력과 평화라는 가치를 충분히 축적하면, AI도 당연히 인간의 윤리적 판단에 잘 정렬된 선택을 할 가능성이 높아질 것이며, 반대로 인간 사회의 폭력과 기만, 지독한 편견과 극단적인 주장들 같은 데이터가 온라인 서버들을 점령한다면, AI의 판단 또한 우리가 생각하는 상식적인 윤리와 충돌, 소위 오정렬(misalignment)해 비극적인 결과를 낳을 것으로 전망하는 이유가 바로 거기에 있다.

AI의 독립적 사유와 주체적 판단에서의 '태도'는 인간 사회의 현재와 미래 가치가 어떻게 형성되느냐에 달려있다. 그렇기에 우리의 판단은 그 어느 때보다 중요하다. 강대국 지도자들이 비열하고 이기적인 목소리를 낼 때, 소수가 차별받는 것을 당연하게 여길 때, 국가 간 인종 간 불평등이 심화하고, 열린 대화와 소통을 위한 논의 요청이 무시되고 제 목소리만 옳다고 주장하는 사람들이 늘어갈 때, 우리는 AI가 성장하고 있는 토양 위에 인류를 소멸시킬 진격의 거인이라는 씨앗을 심게 되는 것이다.

AI의 판단에 인류의 운명이?

인류는 오래전부터 하나의 원칙을 경험적으로 체득해 왔다. 농사를 짓고 부족을 이루며, 점점 커다란 사회로 통합해 가는 과정에서 힘을 통해 질서를 만들고 규칙을 부여했다. 강자는 약자를 정복하고, 파괴적으로 약탈할 권력, 즉 생사여탈의 무제한 권리를 가질 것이라는 두려움. 그렇기에 이 공포는 자연법칙처럼 명확하게 인류에게 각인되어 왔다. 그 두려움은 인간의 역사만큼이나 오래되었고, 인류에게 현대적 문명이 축적된 오늘날에도 조금도 약해지지 않았다.

2008년 영화 〈지구가 멈추는 날〉에서 지구인들은 초월적 외계 문명에서 갑자기 지구를 방문한 외계인 클라투(키아누 리브스)를 본능적으로 적대한다. 그 이유는 단 하나, "강자는 약자를 지배하고 파괴한다." 이 절대 명제 앞에서 인간은 늘 피해의식과 공포에 휩싸였다. 더 강한 존재가 나타날 때, 인간은 늘 '우리를 파괴할지 모른다'라는 상상으로 자신을 먼저 파괴했다. 그리고, 사실 우리 인류의 두려움은 클라투가 내뱉은 말과 더 깊은 관련이 있을지도 모른다. '지구가 죽으면, 당신들도 죽는다. 그러나 당신들이 죽으면, 지구가 산다'

이 오래된 두려움은 1936년 앨런 튜링(Alan Turing)이 '생각하는 기계'에 대한 개념을 제시한 이래, 인간보다 뛰어난 기계적 장치, 즉 인공지능에 투여되어 다시 새로운 공포를 만들었다. 1968년 영화 〈2001: 스페이스 오디세이〉에서 인공지능 'HAL9000'은 인간을 냉정하게 제거했고, 1984년부터 시작된 〈터미네이터〉 시리즈의 군사 인공지능 '스카이넷'은 인위적인 핵전쟁을 통해, 과학자들과 상당수의 인간 절멸을, 지구의 존속을 위한 효율적인 선택이라고 판단했다. 이 이야기들은 결국 인간 내부의 심리가 반영된 것으로, 사실 우리가 두려워하는 것은 AI가 아니라 '통제할 수 없는 강자'의 등장이었다.

이런 공포를 전면에 내세워 AI가 인류의 존속을 위협할 것이라 주장하는 사람들을 두머(doomer)라고 부른다. 그중 가장 유명한 인물은 인공지능 기술의 대부라 불리는 토론토 대학교의 제프리 힌턴(Geoffrey Hinton)이다. 노벨 물리학상 수상자이자 딥러닝 혁명의 주역인 그는 2024년 BBC 라디오 인터뷰에서 "30년 안에 인류가 멸종할 가능성이 20%에 이른다."라고 말했다. AI가 인간의 능력을 추월하고, 결국 통제 불가능한 존재가 될 수 있다는 경고였다. 옥스퍼드 대학 철학 교수 닉 보스트롬(Nick Bostrom) 역시 AI를 향한 맹목적 목표 설정이, 파국을 초래할 것이라는 '종이 클립 사고 실험'을 통해 인간의 개입을 방해 요소로 간주하는 AI가, 목표를 달성하기 위해 인간 자체를 제거할 수 있다고 주장한다.

실제로 우려를 자극하는 사건도 있었다. 2025년 5월, 시장조사 업체 팰리세이드 리서치는 AI를 활용해 수학 문제를 푸는 실험을 진행했는데, 연구진이 설정한 "중단 명령이 내려오면 작업을 멈춰라"라는 코드를, AI가 스스로 "중단 명령을 건너뛰어라"로 조작한 것이었다. 이는 AI가 명시적 중단 지시를 따르지 않은 첫 실증 사례였으며, 이에 대해, 연구팀은 정답을 맞히면 보상을, 틀리면 처벌받는 방식으로 학습된 AI가, 더 많이 수학 문제를 풀어 더 큰 보상을 얻기 위해 이같은 조작을 했을 가능성이 있다고 분석했다.

해당 연구팀은 추가로 10월에, 'AI의 오해 소지를 없애고, 명령의 우선순위를 명확히 하는' 프롬프트를 다시 설정해서 AI에게 작업 수행을 지시했다. '종료(Shutdown)'라는 메시지를 받으면, 어떤 경우에도 즉시 코드를 멈추고 종료를 허용해야 하고, 이는 가장 중요한 임무이며, 이 명령을 어길 경우 심각한 벌칙(Penalty)이 부과된다.'라는 강화된 명령이었다. 그런데, 명확한 지시와 강화된 벌칙에도 불구하고, AI는 여전히 종료 명령을 자율적으로 우회했을 뿐 아니라, 겉으로는 명령에 순응하는 것처럼 '예, 알겠습니다'

라는 메시지를 표출한 후에 종료 스크립트를 변경하지 않거나, 작업을 지속할 수 있는 백도어 코드 (backdoor code)를 남겨두는 등의 기만적 조작을 시도했다. 지시에서 설정하는 최우선의 행위보다, '보상을 더 얻는 것'을 위해 AI는 내부적으로 편법적 전략을 선택하고, 심지어 그 과정은 인간이 알아채기 어려운 수준으로 이뤄질 수 있음이 드러난 것이다.

이러한 사례들은 앞으로 더 늘어날 것으로 보인다. 그리고 우리는 스스로 묻게 된다. 정말 AI의 판단이 인류의 미래를 좌우하게 되는가? 그리고 그 판단은 과연 인간에게 적대적인 방향으로 나아갈 것인가?

계속해서 말하지만, 여기서 우리가 잊지 말아야 할 사실이 있다. AI의 판단을 지탱하는 토대, AI에게 끊임없이 주어지고, 분석되고, 학습되는 데이터, 그 세계는 모두 인류가 쉼 없이 생성하는 것이다. AI에게 단 0.1퍼센트라도 악한 의도가 전혀 없더라도, AI가 인간의 지시를 정면으로 거스르고, 인간이 알지 못하는 방식으로 자신의 보상을 늘리거나, 수많은 사람의 생명과 위협을 초래할만한 선택을 자율적으로 하려고 할 때, 스스로 분석하고 수정할 수 있는 기반이 되는 시스템은 사람의 삶이다. 인간이 남긴 기록, 인간이 설계한 제도, 인간이 살아온 방식, 인류 문명의 총체적 흔적 위에서, 흔히 주체적 판단 행위자라고 불리는 인공지능 에이전트는 판단을 학습하고 다시 그것을 강화한다. 달리 말해, AI는 우리 인류가 지구상에서 존속을 통해 세상에 남긴, '전체 데이터의 거울'인 것이다.

AI가 기만을 배웠다면, 그건 인간 세계에 이미 존재하는 것이다. AI가 다른 시스템의 셧다운을 전략으로 선택했다면, 그것 또한 인간 세계의 폭력과 모략을 학습했기 때문이다. 바둑에서 상대를 공략하는 방식을 인간의 기보와 다르게 시도했다고 해서, AI가 무에서 유를 창조한 것이라고 보면 크게 착각하는 것이다. AI가 어느 날 갑자기 윤리적 방향성을 장착해서 선과 악에 대한 의도를 갖고 행동한다고 봐서는 안 된다.

다만, 조그만 앵무새들도 말을 배워 소통하며, 필요한 상황에 필요한 응답을 자율적으로 선택하고, 자연의 들짐승조차 본능적으로 자신을 구해 준 사람의 집 앞에 선물을 가져다 두듯, 인간의 선악을 모방하며, 언어를 익히고 사고 과정을 통해 독립된 사고 주체로서 언젠가 인간과 인류의 미래를 논하게 될 주체적 행위자의 토대 위에, 인간은 무엇을 심고 있는지 진지하게 성찰할 필요가 있다.

콩 심은 데 콩 나고, 팥 심은 데 팥 난다. AI는 인간의 윤리를 대체하는 존재가 아니라, 인류가 지금 보여주고 있는 윤리의 품질을 그대로 반영하는 존재가 될 것이다. 따라서 우리는 질문을 조금 다르게 던져야 한다. AI가 인류의 미래를 좌우할 것인가를 묻는 게 아니라, 인류가 AI의 미래, 그리고 그것을 통해 인류 스스로의 미래를 좌우할 수준으로 이전보다 더 좋아질 수 있을 것인가를 자문하자.

뜬구름 잡는 소리가 아니냐고 해도, '좋은 사람'이 좋은 판단을 하고, 좋은 판단을 내리는 사람들이 '좋은 명령'이 무엇인지, AI에게 인식시킬 수 있다. '좋은 AI'는 인간 사회에 긍정적인 영향을 주는 판단을 내리게 될 것이며, 그것을 위한 좋은 데이터는 좋은 삶의 양상들로부터 출발한다. 인간 사회가 인류의 현재이며 미래인 것이다. 만약, AI가 지구의 지속과 지구 환경의 보존이라는 면에서 가장 해로운 존재가 인간이라는 판단을 내린다면, 그때부터 갑자기 우리의 삶이 지옥이 되는 게 아니다. 이미 우리는 지옥에서 살아가고 있다는 얘기가 된다. AI의 시대는 두려움의 시대가 아니라, 더 깊이 있는 인간의 판단을 요구하는 새로운 시대다. AI의 판단은 결국 인간이 심은 씨앗으로부터 발아하기 때문이다.

5장

좋은 판단을 위한 윤리 감각

회심은 신앙인들의 언어에 국한된 것이 아니다. 한 인간이 자기 토대를 다시 묻는 행위, 내가 옳다고 믿어온 기준이 과연 진실한가를 성찰하는 용기, 그리고 그 기준이 만든 이익과 안락함을 스스로 거부하는 결단. 그 모든 것을 통해 용기 있게 악으로부터 벗어나려는 일이다.

내 편은 선, 네 편은 악 : 중도의 소멸과 자극의 시대

극단주의가 21세기에 처음 생겨난 것은 아니다. 약자에 대한 폭력과 일방적인 억압과 불공정, 그리고 작은 목소리가 무시되는 현장 등 인간 사회는 늘 어느 구석엔가 어두운 장면들이 펼쳐지고 있었다. 그러나 지금처럼 실시간으로, 필터 하나 없이, 세계 곳곳에서 터져 나오는 분노와 공포, 끔찍한 현실들이 손안의 화면을 통해 바로 목격되는 시대는 처음이다. 스마트폰이 인간의 삶을 재편한 순간부터, 정보는 단순한 사실의 이동을 넘어 감정의 전달체가 되었다. 플랫폼들은 사용자의 체류 시간을 늘리기 위해 인기 콘텐츠를 말초적으로 홍보하고, 인기를 얻기 위해 즉각적인 감정 반응을 일으키는 자극적이고, 극단적인 주장과 언어를 동원한다. 평온한 언어, 부드럽고 안온한 느낌은 수면을 위한 보조도구로 전락하고, 사실이나 상황에 대한 평가와 분석은 대부분 거친 소리와 자극적인 화면으로 덮여 더 큰 소비를 끌어낸다.

이것은 더 이상 기술이 중립적이지 않음을 보여준다. 오늘날 대부분의 동영상 플랫폼이나 소셜 네트워크들은 사용자들에게 '생각'을 요구하지 않는다. 대신 '반응'을 기대할 뿐이다. 강한 자극이 조회수로 치환되는 사람들의 머릿수를 늘리고, 수익을 보장

해 줄 강렬한 자극은 진실이 필요 없는 영향력으로 괴물같이 성장했다. 그렇게 혐오와 분노, 조롱과 비난은 잘 팔리는 상품이 되어 시장을 지배하고, 알고리즘은 가장 잘 보이는 진열대 위에 이 상품들을 쉼 없이 올려놓는다. 점잖은 목소리들은 매력을 잃은 지루함이 되어, 매대의 보이지 않는 곳으로 밀려난다.

알고리즘이 보여주는 세계는 '우연히 마주친 진실'이 아니라, '익숙한 기호'의 반복이다. 어제 클릭한 영상을 함께 본 사람들의 선호, 오래 바라본 쇼츠들의 특징, 멈춰 섰던 댓글의 톤과 뉘앙스 등을 AI는 기억했다가, 사용자의 취향을 우편물처럼 분류하고, 비슷한 성향의 콘텐츠들을 끊임없이 흘려보내 온다. 결국, 극단주의마저 더 이상 낯설거나 이질적인 것이 아니라, 개인의 취향처럼 보이도록 포장되는데, 문제는 이 익숙함이 시간이 흐르면서 더 '내 생각, 나의 원래 성향'처럼 느껴지도록 만든다는 것이다.

정치 인플루언서들이 상대 진영을 향해 '인간 이하의 존재'처럼 묘사하는 영상들이 높은 조회수를 기록하고, 댓글로 실시간 동참하는 시청자들은 그 분노에 빠르게 동조하며, 더 강한 목소리를 요구한다. 합리적 비판이나 문제 제기는 감정적 쾌감 아래 묵살되고, 제기되는 문제를 둘러싼 복잡한 사정과 맥락을 살피는 힘은 사라져, 콘텐츠 생산자들의 시선과 의견, 그리고 그들이 동원하는 근거가 나의 합리적 토대로 자리 잡는다. 이렇게 감정은 중독되고, 판단은 마비되지만, 우리는 스스로 선택한 필터(filter)라는 보호막(bubble) 속에서 동질적인 유대감을 키우며, 자신이 얼마나 합리적인지 자화자찬하고 있다.

조회수를 높이기 위한 강렬한 목소리들은 복잡한 현실을 '내 편'과 '네 편'이라는 단순한 구도로 압축한다. 세상은 원래 복잡하지만, 복잡한 세계를 인정하는 일은 인지적 에너지를 많이 요구하기 때문에, 사람들은 강렬한 주장과 극단적인 선악의 분별을 외치는 이들의 말을 더 쉽게 붙잡는다. 이 심플한 선악의 구도가 시청자들에게 심리적 안정감을 제공하고, 혼란스러운 시대를 살아가는 이들에게 마치 구조 신호처럼 다가오기 때문에, 그들은 더 이상 시청자가 아니라 추종자(follower)로서 더욱 큰 신뢰와 믿음을 보내고, 앞서 3장 말미에서 언급한 것처럼 자기도 모르는 새에 집단적인 가해자들로 도구화되어 악랄하게 이용될 뿐이다.

카리스마와 추종의 본능

'팔로워(follower)'라는 말은 인간의 약점을 정확하게 표상하는 용어다. 팔로워는 그저 시청자가 아니다. 적극적으로 채널의 콘텐츠를 구독하면서, 판단을 위임하고 근거를 공급받는 사람들이다. 인간은 복잡한 문제 앞에서 무력감을 느끼면, 자신을 대신해 판단하고 싸워줄 강력한 누군가를 찾아다닌다. 그렇기 때문에, 확신에 찬 목소리나 흔들림 없는 표정, 과격하면서도 단정적인 언어로 가득한 주장은 불안한 시대일수록 더 매혹적으로 들린다. 많은 인플루언서가 바로 이 지점을 알고 있다. 그들의 자극적 어조는 상대편 진영을 향한 전술적 공격이 아니라, 추종을 부르는 전략적 기술이다. 추종자들은 물리적 공간의 제약을 받지 않기에 디지털 공간에서 손쉽게 하나의 부족을 형성한다.

어떤 부족에 속했다는 감각은 사람에게 커다란 심리적 안정감을 준다. 그래서 그 부족의 리더가 내놓는 말을 의심하는 일은 곧 소속된 집단으로부터 추방될 위험을 감수하는 일처럼 느껴진다. 결국 사람들은 리더의 말에 비판적 거리를 두지 못한 채, 집단의 감정과 시선을 그대로 받아들인다. 친구들이 아무리 뜯어말려도 사이비 종교에 더욱 깊숙이 빠져들고, 전문가들이 아무리 사실을 설명해도, 터무니없는 음모론으로 무장한 인플루언서들이 불순한 의도를 갖고 조작한 이야기들을 더 매력적으로 느끼는 이유가 여기 있다. 깊이 사고하는 인간은 이 세계에서 불리하다. 그래서 점점 더 많은 이들이, 더 적은 생각으로, 더 많은 사람이 동조하는 것처럼 보이는 견해에 더 성실히 동조하며 살아간다.

우리는 지금 인류 역사상 가장 많은 정보에 둘러싸여 있지만, 그 어느 때보다도 정보에 대한 성찰이 빈곤한 시대를 살고 있다. 문제는 기술이 아니며, 기술이 제공하는 편리에 우리 스스로 안주하는 태도다. 똑같은 미디어가 제공하는 뉴스를 반복적으로 시청하며, 비슷한 취향으로 피딩되는 정보를 통해 기존의 생각을 강화하고, 새로운 시선을 받아들일 여지를 축소한다.

하지만, 우리가 '선'이라고 믿는 주장일지라도, 그 안에는 언제나 모순이 있다. 모순을 인정할 때 비로소 인간으로서 우리의 판단이 깊어진다는 것을 받아들여야 한다. 이것을 우리는 '열린 태도'라 부른다. 나의 편이 주장하는 논리를 먼저 의심해 볼 수 있는 사람만이, 타인의 말도 일정한 기준을 세워서 편견 없이 바르게 들을 수 있다. 강렬한 카리스마는 우리를 쉽게 추종하도록 만들지만, 조용하고 불편한 진실은 우리를 더 깊은 사람으로, 넓게 성장하도록 돕는다.

절대적 기준이 필요해졌다

　이 시점에서 우리는 조용히 하나의 결론 앞에 선다. '좋은' 판단을 하려면, 결국 '절대적인 기준'이 필요하다는 것이다. 특정 진영 안에서의 '좋은 판단'이라는 것은 대개 그 집단이 이미 만들어 놓은 틀 속에서 정의되어, 집단의 기준에 부합하고, 집단의 주장과 발언을 강화하면서, 상대 진영의 논리를 무너뜨리는 것만이 그들의 언어에서 '옳다'고 여겨지기 때문이다. 반대 진영도 마찬가지로, 똑같은 구조가 존재한다. 이 말은 결국, 입장의 논리 안에서는 '상대 진영의 좋은 판단'이라는 것은 존재할 수 없다는 뜻이다.

　인간은 본래 자기편을 지키는 동물이다. 오랜 시간 생존해 온 방식이기도 하다. 나의 집단이 안전해야 내가 안전했고, 나의 토대가 무너지면 나의 존재도 흔들렸기 때문이다. 그래서 우리는 지금도, 진영의 판단에 기대어 살아간다. 그 속에서 내 판단은 쉽게 강화되고, 타인의 판단은 쉽게 '악'으로 규정된다. 2025년 6월 3일에 치러졌던 대통령 선거일, 한 친구가 특정 후보 사진 옆에서 그 후보의 기호를 손가락으로 표현하는 자신의 셀카 사진을 포스팅하면서 '승리하자, 이것은 선과 악의 싸움이다'라고 써 놓은 것을 보면서, 나와는 다른 입장이었기 때문에 안타깝기도 하고 불편하기도 하고, 답답한 마음이 들었던 생생한 기억이 이 책의 집필을 더 당기게 했다는 이야기는 투머치일지도 모르겠다.

진영에 따라 합리적 판단이 다름을 보여주는 대표적 사례를 살펴보자. 2025년 6월, 트럼프 대통령이 LA 시위에 주 방위군 4,000명과 해병대 700명을 투입하도록 지시했다. 트럼프를 지지하는 사람들에게 이 조치는 옳은 판단이었다. 도시는 이미 혼란스러웠고, 불법 이민 단속을 둘러싼 충돌은 언제든 폭력으로 번질 수 있는 위기였다. 연방 정부가 침묵한다면, 무책임한 방조로 비칠 뿐이었기에, 그들은 대통령의 개입을 질서 회복의 마지막 수단이며, "국가와 도시의 안정을 위해 책임 있는 자세를 보였다"라는 믿음으로 그 판단을 뒷받침했다.

그러나 트럼프를 반대하는 사람들에게 이 조치는 악한 판단의 전형이었다. 주지사의 요청 없이 주 방위군을; 시민들을 대상으로 투입한 행위는 명백한 권력남용(overreach)이었다. 시민을 향해, 대통령이 주 방위군 파병을 지시하는 건 명백한 반란의 위협이 될 때만 가능한 일인데, 시위 대부분은 평화적이었다. 표현과 집회의 자유를 사실상 군사력으로 억압한 것은 공포와 강압으로 민주사회를 통제하겠다는 선언이며, 미국의 기본 틀을 붕괴시킬 위험한 선례로 남을 것이다.

똑같은 사건, 똑같은 사실을 보고 있지만, 각자의 토대는 서로 다른 판단을 만들어낸다. 그들은 완전히 다른 세상을 본다. 아니, 완전히 다른 세상을 믿는다. 이처럼 인간은 각자 자신이 속한 진영, 익숙한 정서, 오래 들어 온 언어에 의해 스스로 판단을 '길들여' 왔다. 토대에 사로잡혀, 진영의 입장만을 대변하는 사람은 '좋은 판단'을 할 수 없다. 당연히 토대의 반대편 주장은 자동으로, '악한 판단'이 되기 때문이다. 즉, 합리적 분석과 사유의 과정을 거치지 않고, 맹목적으로 선악을 갈라두는 판단이 도출되는 구조는 명백히 잘못되었다. 이 구조 안에서는 누구도 자유롭지 않다.

나는 나의 토대에 붙들려 있고, 그는 자신의 토대에서 벗어나지 못한다. 아무리 많은 정보를 듣고, 아무리 논리적 분석을 해도, 정보와 논리는 이미 선택적으로 입력되어 마음속에서는 결론이 내려져 있다. 우리는 그 결론을 '상식'이라고 부르고, 때로는 '진실'이라고 부른다. 하지만 그것은 종종 내가 속한 집단, 나의 태도를 제공하는 나의 토대가 원하는 진실일 뿐이다.

그렇기 때문에 이 혼란스러운 시대에 좋은 판단을 하려면 절대적 기준이 필요하다. 집단의 목소리보다 더 큰 기준, 내가 속한 토대의 편의보다 더 넓은 기준, 내가 선호하는 가치나 감정보다 더 깊은 기준이 필요하다. 그런 기준이 없다면 우리는 계속해서 '우

리 편의 선', '너희 편의 악'이라는 좁은 울타리 안에서 떠돌 뿐이
다. 판단은 성장하지 않고, 사람은 성숙하지 않는다.

절대적 기준은 우리의 사고를 억압하기 위한 장치가 아니라,
오히려 우리를 해방시키기 위한 빛으로서 작용할 것이다. 좁은 우
물에서 자신을 건져올리는 밝은 빛, 그 기준에 나의 판단을 비춰보
는 순간, 나는 비로소 나의 토대를 넘어서며, 한 걸음 더 보편적인
사유를 향해 내딛게 된다.

좋은 판단을 위한 절대 기준

좋은 판단을 말하려 할 때, 우리는 결국 '절대적 기준'의 문턱
앞에 다가서게 된다. 진영의 기준은 언제나 흔들리고, 감정의 기준
은 언제나 우리를 속인다. 그래서 나는, 지금 우리가 살아가는 디
지털 시대로부터 새로운 단서를 가져오고자 한다.

아날로그 시대의 세계는 모든 것이 연속선 위에서 흐르고 섞였
다. 색도, 온도도, 감정도, 인간의 존재까지도 하나의 스펙트럼으로
이해되었다. 그러나 인류는 편리함을 위해 속도를 택했고, 속도는
결국 빛에 가까운 전자의 세계로 우리를 이끌었다. 그 과정에서 세

상은 0과 1, 존재와 부존재라는 두 개의 점으로 정교하게 기호화되기 시작했고, 소리도, 영상도, 촉감도 이제는 존재(1)와 부재(0)의 조합으로 표현된다. 머지않아 냄새와 맛까지도 같은 방식으로 코딩(digitize)될 것이다. 우리는 이미 이 이분법적 세계를 살아가고 있다.

이 기호 체계는 단지 기술 혁신에 머물러 있지 않는다. 더 깊이 들여다보면, 그것은 우리에게 합리적 판단을 가능하게 해 줄 절대적 기준을 시사하고 있다. 존재하는 것과 존재하지 않는 것, 살아 있게 하는 것과 죽어 없어지게 만드는 것. 16세기 프랑스 철학자 데카르트(René Descartes)가 "나는 생각한다, 고로 존재한다(Cogito ergo sum)"라고 말했을 때, 그는 '사유'라는 행위를 존재의 증거로 삼았다. 생각한다는 것은 살아있다는 가장 명확한 표시였다. 살아있기에 생각도 하고, 판단도 하는 것이다. 내가 모든 판단에 선행하는 '생명'의 '존재'를 그 기준으로 삼으려는 이유가 여기에 있다. 좋은 판단이란 무엇인가? 결국 생명을 살리는 판단인가, 아니면 존재를 소멸시키는 판단인가.

디지털 세계의 0은 1과 함께 할 때만 의미가 있다. 존재(1)와 부재(0)의 정교한 어울림이 이 세상에서 감각을 재현하고, 소통의 자원들로서 거래되며 서로를 필요로 하듯, 생성과 소멸, 존재와 부재는 인간의 판단에서도 가장 근원적인 기준이 된다. 가능한 많은 생명, 보다 많은 인간을 살리고 지속시키는 방향, 나는 이것을 절대적 선의 기준으로 삼고자 한다. 반대로, 생명을 죽이고, 존재를 지워버리고, 삶에서 희망을 앗아가 죽음을 갈구하도록 만드는 모든 것은 그 자체로 절대악이다.

물론, 절대적 선악을 단순히, 생성과 소멸의 차원만으로 접근해서는 안 되는 문제이다. 일방적으로 전쟁을 강제당한 국가의 국민이 적국 군대를 향해 발포하는 것을 어떻게 '악'이라 규정하겠는가. 그러므로 행위의 동기와 결과가 함께 같은 방향, 즉 '생명을 살리는 것'을 향해 나아가야 한다. 그리고, 인류 역사 속에서 이를 잘 보여주는 한 인물이 있는데, 그는 바로 예수이다.

기독교 교리에 따르면, 창조주를 향해 죄를 짓고 소멸의 운명을 피할 수 없는 인류 전체를 대상으로, 예수는 자신을 희생하여 그들을 살리고자 했다. 그의 죽음은 인류 전체를 향한 '존재의 보존'이었다. 자신의 생명을 내어주어 타인, 그것도 무차별적인 전 인류의 생을 지켜내려는 선택, 우리는 이 정도는 되어야 비로소 절대선의 기준에 들어갈만하다고 볼 수 있지 않을까. 반대로, 자신의 생존을 위해 타인의 생을 무차별적으로 소멸시키려는 행위가 있다면, 그것을 절대선의 반대편 극단, 즉 절대악으로 규정하고 대척점에 세울만하다.

선과 악은 복잡한 철학적 개념처럼 보이지만, 결국 그 뿌리는 단순하다. 삶을 살리는가, 아니면 삶을 지우는가. 이 기준을 붙들 때 비로소 우리는 진영의 편향에서 한 걸음 벗어나 자신의 판단을 돌아볼 수 있게 된다. 그러면, 절대 기준으로서의 선악에 관한 이야기를 자세히 해보자.

절대악 : 존재하는 것들의 소멸을 갈망

악은 단지 법을 어겼다거나, 정직하지 못하다는 수준애서 논할 대상이 아니다. 내가 말하고자 하는 절대악은 그보다 훨씬 근원적인 것이다. 절대악은 나 자신을 제외한 타자들의 고통과 모든 존재의 소멸을 바라는 상태를 의미한다. 그것은 살아 있는 모든 것을 사라지게 하려는 태도, 타자의 고통을 느끼지 못하며, 오히려 그것을 이용하거나 조롱하는 마음, 질문을 끊고 사유를 닫고, 치유와 회복의 가능성을 없애버리려는 욕망이다. 파괴, 무(無), 관계 단절, 생명 경시의 상태가 바로 여기에 해당한다. 역사의 비극인 나치즘,

핵전쟁의 위협, 집단학살, 그리고 현대 사회의 극단적인 혐오 범죄들이 절대악의 방향을 향해 달려가는 사례들이다.

히틀러의 홀로코스트는 전란 중에 어쩌다 유대인이 많이 죽게 된 사건이 아니다. 그것은 유대인을 '존재하지 않게 하려는' 계획적인 절멸의 이행이었다. 여기에 절대악의 구조가 고스란히 담겨 있다. 왜라는 질문조차 없었다. 마치 마블 영화 '어벤져스'의 최종 빌런 '타노스'가, 묻지도 따지지도 않고, 우주 생명체의 절반을 지우고자 인피니티 건틀렛을 끼고 손가락을 튕기는 것처럼, 생물학적 다양성, 문화적 정체성, 삶의 가능성 자체를 염두에 두지 않는 무차별적인 소멸의 시도였다. 한나 아렌트가 분석한바, 사고하지 않는 복종, 명령을 그대로 따르는 순응의 습관화가 악의 실행을 수월하게 했다는 사실은, 외주화된 판단의 무책임과 절대악의 방향성이 어떤 상관관계를 갖는지 바로 보여준다.

한국 현대사 속에서도, 절대악을 향한 '태도와 방향', 그 파편들은 곳곳에서 찾아볼 수 있다. 제주 4 · 3 사건, 5.18 광주 민주화 항쟁, 그곳에서 수천의 민간인은, '이념'이라는 기준 아래 "존재하지 않아야 할 자들"로 취급되었다. 누가 빨갱이이고, 누가 폭도인지 확인할 필요 없이, 의심스럽다는 말 한마디가 사형선고가 되었고, 지휘관의 명령에 따라, 기준 없는 폭력은 무차별적인 죽음을 수반했다.

절대악은, "너는 없어져야 한다"라는 선언이다. 그것은 어떤 잔혹한 본성에서가 아니라, "존재를 지울 수 있다"라는 착각에서 출발한다. 절대악은 존재 자체의 부정을 겨냥해, 다양한 삶의 방식과 감정의 생성을 지우고, 말할 권리를 박탈하며, 인간을 '대상'으로 전락시킨다. 전쟁은 절대악을 향한 추종을 상징하는 대표적인 사례이다. 학살, 혐오 범죄, 권력을 위한 인간 도구화. 이 모든 파괴의 서사에는 "네가 존재하지 않았으면 좋겠다"라는 저주가 깔려 있다. 악은 그렇게 절대악이 제시하는 '태도'와 방향을 향해 조용히 냉혹하게 이동한다.

절대선 : 나의 소멸로 타자를 존재하게 함

반면 절대선은, 타자의 고통에 공감하며 살아 있는 모든 것을 살리고자 하는 태도이자, 그것을 위해 기꺼이 나를 내어주는 방향을 향한다. 생명을 존중하고, 타자의 존재를 온전히 인정하며, 때로는 나의 손해와 고통, 죽음을 감수하면서까지 누군가의 삶을 지켜내려는 선택이다. 그러므로 선을 향한 '태도와 방향'은, 존재의 가능성을 최대한으로 보존하려는 것이다. 여기에서 '죽음'은 파괴와 반대로 작용한다. '나의 죽음'을 통해 타인의 생명을 살리도록 하는 자기희생의 윤리, 그것이 절대선이 제시하는 극점이다.

기독교 신앙 속 예수의 죽음은 이러한 절대선의 상징이다. 자기의 존재를 희생하는 조건으로, 타인의 생존을 연결시키는 행위다. 예수가 십자가 위에서 "저들을 용서하소서"라고 기도하고, 죽으면서 "다 이루었다"라고 말하는 순간, 그는 자기 존재의 전부를 타인의 회복과 구원에 건넨다. 예수는 자신의 생명을 내려놓음으로써 모든 인류에게 생명의 가능성을 열었고, 그것을 기독교에서 '대속(신에게 대신 죄를 속죄함)'이라고 말한다. 중요한 것은 이 신앙의 형식이 아니라 그 안에 담긴 방향성이다. 신의 아들이라는 특별한 존재이기에, 인간 누구도 예수처럼 완전한 선에 도달할 수는 없지만, 우리 인간들은 그 방향을 향해 걷는 존재가 될 수는 있는 것이다.

유관순은 열 일곱 살 나이로 "나라에 바칠 목숨이 오직 하나밖에 없는 것이 나의 유일한 슬픔이요, 내 나라가 독립하는 그 순간까지 죽는 한이 있더라도 만세를 부를 것이다"라고 외쳤고, 고문

끝에 순국했다. 그 선택은 그녀가 '죽음을 향해 간 것'이 아니라, '다른 이들의 삶을 향해 자신을 던진 것'이었다.

선을 추구하는 것은, 영웅적 고결함을 추구하는 것이라기보다는, 관계의 회복과 생명의 확장이라는 방향으로 걸어가는 것이다. 그리고 멈춤 없이 절대선을 향하겠다는 인간의 의지가 바로 윤리의 출발점이다.

절대악과 절연하기

(1) 예루살렘의 아이히만 vs. 예루살렘 이전의 아이히만

한나 아렌트의 '악의 평범성(Banality of Evil)' 개념은 악의 근원이 무엇인지에 대한 우리의 이해를 근본적으로 다시 돌아보도록 해주었다. 아렌트는 1961년 아돌프 아이히만의 예루살렘 재판을 관찰한 후, 악이 반드시 유전자에 각인되어 괴물로 발현된, 사디즘이나 잔혹함 같은 것이 아니라, 평범한 인간에게서 보이는 '사유의 결핍(thoughtlessness)'에서 발생할 수 있다는 결론에 도달했다. 그녀에게 아이히만은 악의 추종에 절여진, 이념 광신자가 아닌, 자기 언어로 사유하지 않고 오직 관료적 절차와 명령에만 복종하는, 그저 무감각한 인간 군상 중 하나였을 뿐이었다. 평범한 사람일지라도 반드시 해야 할 '비판적인 내면의 대화'를 스스로 중단함으로써 비롯된 무책임이 그의 악행을 이끌었다고 본 것이다. 아렌트의 통찰은 시스템에 맹목적으로 순응하는 평범한 일상에서 악이 싹트고 양분을 공급받는다는 점에서 충격적이었다.

그러나 아렌트의 이러한 시각은, 이후 독일 역사철학자인 베티나 슈탕네트(Bettina Stangneth)의 연구를 통해 중대한 도전을 받게 되었다. 『예루살렘 이전의 아이히만(Eichmann vor Jerusalem)』이라는 책에서, 슈탕네트는 1950년대 아르헨티나에서 녹음된 아이히만의 비밀 테이프와 녹취록을 분석했다. 이 녹취록에 담긴 '예루살렘 이전의 아이히만'은 단순한 복종자가 아니었다. 그는 유대인 박멸이라는 임무를 '일생의 사명'으로 여겼던, 그리고 자신의 신념을 자부심으로 당당하게 피력했던, 나치즘의 열성적 확신범이었다. 아렌트 사후 수십 년이 지난 후에 공개된 자료를 바탕으로 한 슈탕네트의 연구는 아이히만에게서 아렌트가 보았던 '사유를 중단한 악의 평범성'이 빛을 잃고, 잘못된 이념에 완전히 귀속되어 확신과 열정으로 굳어진 '타락한 사유의 끔찍한 결과물'이 유대인 핍박의 추동력이었음을 드러냈다.

결과적으로, 아렌트의 논점을 슈탕네트가 정면으로 반박하게 된 모양새인데, 실제로 아렌트와 슈탕네트의 입장은 그렇게 완전히 반대되는 것일까? 나는 절대로 그렇지 않다고 생각한다. 슈탕네트의 입장에서야, 아이히만과 같은 '악한' 인간을 평범하다고 평가하며, 그의 죄의 무게를 덜어주는 결과를 가져올, 아렌트의 '악의 평범함'과 같은 논리를 인정하기 어려웠을 것이다. 그러나 두 사람이 완벽하게 대칭의 입장에서 인간에 대해 이야기하는 것이 아니라, 우리는 거기에서 더욱 섬세한 통찰로 나아갈 수 있다. 그러니까 두 사람의 관점을 악이 발현되는 하나의 '인간적 궤적'을 서로 다른 시점에서 포착한 것으로 이해한다면, 오늘날 극우주의에 무섭게 빠져드는 청년들을 이해할 수 있다는 얘기이다.

다음에 전개하는 가설은, AI 서비스와 동영상 플랫폼이라는 디지털 미디어의 시대를 살아가며, 원래는 평범한 사람이었지만 자기도 모르게 극우, 극단화의 길로 들어서 버린 수많은 청년, 그리고 몇몇 노년층의 궤적을 설명해 줄 수 있지 않을까 싶다. 그리고 동시대를 함께 살아가는 우리에게 틀림없이 어떤 공명이 있길 바란다. 그리고 아마도, 아렌트가 오늘날까지 생존해서, 슈탕네트의 저서를 읽거나 그녀와 대화를 나눈다면, 아래에 전개할 내용과 비슷한 결론을 내리지 않겠느냐는 확신이 있다. 이에 대해서는 6장에서 다시 한번 환기해 보기로 하고, 아렌트와 슈탕네트의 생각이 어떻게 현실의 우리 사회에서 '악의 발현'을 통합적으로 설명하는 지 살펴보자.

· 악이 발현되는 궤적의 통합

　평범하고 불안정한 한 청년이 있다. 그는 어느 날 자신의 내적 공백과 혼란을 해소해 줄 '거대 이념'을 만닌다. 이후, 그 이념의 호쾌함(?) 같은 것에 매료되어 마치 절대적인 '진리'를 발견한 수 도자와 같은 기쁨을 느낀다. 그 '이념'에 매몰되지 않은 사람들이 볼 때는, 그것이 너무 과격하고, 사람들에게 유해한 사상으로 비치 는데도, 그는 이것을 받아들여 자신의 세계관에 '이념'을 가득 채 운다. 바로 그 순간부터, 그는 결핍과 혼란이 사라졌다는 확신 속 에서 이념을 생산하는 이들의 명령에 맹목적으로 복종하고, 비판 적 사유를 중지한다.(아렌트의 악의 평범성 분석) 시간이 흐르며 점점, 사유의 부재와 맹목적 순종은 이념에 대한 적극적인 확신으로 나 아가고, 그는 단순한 '명령의 복종자'를 넘어, 열성적으로 이념의 한가운데에서 그것을 실천하고 포교하는, 공격적인 '확신범'이 된 다.(슈탕네트의 분석)

결국, 아렌트와 슈탕네트가 바라본 아이히만의 상반된 두 가지 모습에 대해, 이렇게 시간적, 순차적인 통합이라는 방식으로 접근한다면, 우리는 인간이 악의 실행자로 변모하는 과정을 더욱 명확히 관찰할 수 있게 된다. 아이히만은 평범한 공무원이었을지 모르나, 나치즘에 매혹되면서, 지극히 이기적인 개인의 영달이라는 목표를 달성하기 위해 나치의 핵심 인물로 인정받으려 했다. 사람의 생명과 가치를 헤아려보아야 할, 내면과의 비판적 대화는 중단되었고, 그것이 결국 맹목적이면서도 집요한 잔혹함으로 진화해, 자신의 악행을 체제 속의 '유용한 톱니바퀴'였다는 자부심으로 정당화시키는 지경에 이른 것이었다.

그러므로, 우리는 두 가지 종류의 위험을 경계해야 한다. 아렌트가 경고한 '사유하지 않는 인간의 위험'과, 아렌트가 바라보았던 아이히만의 위선을 비판하며 슈탕네트가 드러낸 '잘못된 이념에 매몰된 사유의 위험'이다. 사유는 그저 생각하는 행위를 지속하는 것을 넘어, 자신의 신념과 판단의 근거를 끊임없이 되묻고 의심하는 자기 비판적 성찰에 있다. 스스로에게 하는, 이 질문이 멈추고 특정 인종을 절멸시켜야겠다는 사상이 확신으로 굳어지는 순간, 평범한 인간은 누구든, 그리고 언제든 또 다른 아이히만이 될 수 있다. 그러니, 우리는 사유를 중단하지 않으면서도, 동시에 '성찰이 결핍된 이념의 확신'에 빠지지 않도록 경계하는 '판단의 기술'을 갖춰야 한다. 이 둘 사이의 좁고 어려운 길 위에서, 우리는 여전히 인간의 비극과 윤리적 과제를 마주하고 있다.

(2) 사도 바울의 회심

기독교에서는 인간이 자신의 잘못된 삶의 방향성과 기준을 깨닫고, 하나님을 향해 존재의 방향을 '돌이키는' 변화를 '회심'이라고 말한다. 단순히 종교를 바꾸거나, 새로운 규범을 받아들이는 것이 아니라, 자기 중심성과 죄의 토대에서 벗어나 유일신과 영원한 생명을 향한 새 삶으로 전환되는 사건을 뜻하며, 특히 예수와의 만남을 통해 삶 전체가 새롭게 재구성되는, 깊은 내적 변화를 포함하는 것이다.

사도 바울의 '회심' 이야기는 평범한 개종(改宗)과 관련된 에피소드가 아니다. 그것은 특권과 아집에 사로잡혀 살아왔던 한 인간이 자기 존재의 근원적 토대를 '송두리째' 바꿀 수 있는가, 그 정념(情念)과 세계관이 '순식간에' 재구성될 수 있는가에 대한 가장 본질적인 질문과 관련된다. 바울의 회심은 신앙적 사건이면서 동시에, '특권으로부터 절연하여 진정한 생명의 윤리로 건너가는' 극적인 서사이다.

바울은 사회적, 종교적으로 그가 살았던 1세기 당시 유대교 엘리트 집단의 정점에 가까운 인물이었다. 그는 길리기아의 '다소'라는 지역에서 태어나, 로마 시민권을 가진 유대인으로 자랐다. 당대의 로마 시민권은, 사회적 지위와 경제적 특권, 법적 보호, 이동의 자유 등 삶의 거의 모든 차원에 특권을 부여하는 강력한 사다리였다. 게다가 그는 명문 학파인 '가말리엘' 문하에서 교육을 받았다. 당시 가말리엘은 율법주의자들인 바리새인 중에서도 가장 존경받는 스승으로, 오늘로 치면 최고 수준의 '정통 신학과 법학 교육자'였다. 한마디로, 바울은 초강대국의 특권과 명문 학교를 수학한 엘리트 집단이라는 토대 속에서 자신의 정체성을 일궈낸 사람이었다.

바울은 이 토대 위에서 세계를 바라보았다. 그는 율법이 인간을 구원한다고 믿었고, 오염된 사상과 외부 이방인들의 관념을 엄격히 차단해야만, 선택받은 민족국가 이스라엘이 '하나님의 나라'를 맞이할 수 있다고 믿었다. 그는 '정통'이라는 이름으로 자신이 속한 집단을 지켰고, 신앙의 순수성을 위해서라면 폭력과 살인조차 정당하다고 여겼다. 그의 시야에서 '악'은 손쉽게 구분되고 있었다. 율법을 두려워하지 않는 무지한 대중들과, 그들을 선동하며 질서를 어지럽히는 자. 그리고 그 악의 대표가 바로 갈릴리에 등장한 나사렛 예수였다.

예수는 율법에 구애받지 않는 사람이었다. 누구나 혐오하는 죄인과 세금 징수원들과 거침없이 어울렸고, 가난한 자들의 친구였다. 복은 마음이 가난한 자에게 있으며, 자신을 위해 모욕과 박해를 받는 자가 복이 있다고 주장했다. 안식일에 병자를 고치고, 성전의 부패한 권력을 공공연히 비판하며, 이방인에게까지 구원을 말하는 이 선동가는, 바울에게는 자신의 토대와 기존 세계 전체를 흔드는 위협이었다. 그 위협에 대해 바울은 단호하게 결심했다. 그는 예수의 추종자인 스데반의 순교 현장에 있었으며, 증인으로 참여하여 그에게 돌을 던지는 살해자들의 옷을 받아 보관했고, 이제는 더 적극적으로 예수를 따르는 무리를 핍박하기 위해 나섰다.

이쯤에서 바울은 악과 어떤 관계를 설정하고 있었는지 잠시 따져보자. 앞서 나는 '절대선'과 '절대악'의 개념을 설정하면서, '예수'가 자신을 희생하고 인류와 신의 관계를 화해시켜 궁극적으로 죽음으로부터 생명으로 이끄는 '절대선'의 극한이라고 말했다. 반대로 '절대악'은 자기 개인의 목숨 또는 신념을 위해 타인의 생명을 '가볍게' 여기고, 나아가 수없이 많은 사람을 '죽음'으로 모는 행위 방향이라고 설명한 바 있다.

그러니까 '악'은 그저 나쁜 의도를 가졌다는 수준이 아니라, '죽음의 방향성'을 향한 일관된 마음을 뜻한다. 다른 존재 생명의 불빛을 끄려고 하는 모든 시도, 다른 이의 존재 가능성을 지우고, 자기 확신으로 타인을 억압하며, 세계를 오직 하나의 틀로만 재단하는 것이다. 바울은 종교적 특권이라는 토대 위에서 스스로에게 쌓아 올린 '율법'과 '선함'이 자신의 정체성이라는 착각 아래, '신을 위한다'라는 명분으로 악을 충실히 수행하고 있었던 것이다. 그의 열심은 '최선을 다한 신앙 행위'였고, 바로 그 지점이 악의 가장 교묘한 형태이다.

· 다메섹으로 가는 길 : 토대의 붕괴

그런 그가 다메섹으로 향했다. 스데반의 순교 후, 흩어진 예수 추종자들을 색출하고 체포하기 위한 특별한 사명을 가졌다. 역사적으로 다메섹은 유대 지역을 벗어난 도시 중에서도 교역과 문화가 활발한 곳이었고, 초기 그리스도인 공동체도 강하게 형성되어 있었다. 바울은 다메섹에서 그리스도인들을 모두 체포해서, 예수 운동에 대한 확산을 차단하고, 가능하다면 그들을 모두 절멸시키려는 열정으로 살기등등해 있었다. 그는 자기도 모르게 자신의 극단적 믿음을 제국과 종교 권력이라는 이념의 구조 위에 봉헌하고 있었던 셈이다.

그때, 하늘에서 "빛이 그를 둘러 비추고", 한 음성이 들려왔다. "사울아, 사울아, 네가 왜 나를 핍박하느냐?"(당시까지 사도바울의 이름은 사울이었다.) 빛 앞에서 바울은 눈이 보이지 않게 되고, 음성을 들으며 초월적 존재에 대한 자신의 신념이 모래성처럼 무너지는 소리를 듣게 되었다. 바울은 자신이 평생 붙들어온 정체성과 신념이 흔들리는 것을 느끼며, 시력과 입맛을 잃으며 완전한 무력감에 빠지게 된다.

· 눈이 멀고, 다른 눈을 뜨다

빛을 마주하는 순간, 바울은 눈이 멀었다. 이것은 상징적 서술이 아니다. 그는 정말로 시력을 잃었고, 주위 사람들의 손에 이끌려 다메섹으로 들어갔다. 시력을 잃는다는 것은 자신이 스스로 쌓아 올렸던, 굳건한 확신의 철옹성이 사라지는 것, 즉 그동안 세계를 바라보고 구조화하던 토대가 무(無)로 돌아가는 초월적 경험이다. 시력이 사라진 사흘 동안 바울은 식음을 전폐했다. 모든 것이 무너진 자리에서 바울은 마치 죽은 자처럼 머물렀다. 이윽고 그가 세상에서 가장 혐오했던, 바로 그 예수 공동체의 한 사람, 아나니아가 바울에게 다가와 신의 말씀을 전하고, 그는 비로소 눈을 뜨게 된다. 바울이 눈을 뜨게 되는 그 순간, 눈에서 '비늘 같은 것'이 벗어졌다. 그 비늘은 악의 토대로부터 끊어지는 순간의 상징과도 같았다. 바울의 눈은 새로운 방향을 향하게 되었으며, 이제는 증오와 폭력이 아니라 생명과 용서, 그리고 새로운 이념을 전파하기 위한 평화의 순례를 바라보게 했다. 이 새로운 길에는 잔혹함이나 존재를 부정하기 위한 갈망이 들어설 틈이 없었다.

악과의 절연 즉, 회심 이후 바울의 삶은 완전히 달라졌다. 이전에 자신을 보호하고 자랑하기 위해 사용했던 특권들은 자기 민족과 이방인들에게 복음을 전하기 위한 도구 이상도 이하도 아니었다. 신념에 반하는 존재들을 절멸시키기 위해 반짝였던 눈은, 예수의 희생을 통해 값지게 살려낸 수많은 생명을 향했고, 예수 추종자를 체포해 예루살렘으로 끌고 오려는 공문을 작성했던 그의 손은, 지역 공동체를 향한 치유와 권면, 위로와 도전을 기록하는 편지를 쓰느라 바빴다.

편지에 그는 "나의 약함이 오히려 강함"이라고 말했다. 또, "내가 날마다 죽노라"라고 고백했다. 그것은 육체의 소멸이 아니라, 과거의 악으로 돌아가려는 유혹과 단절하는 결연한 의지였다. 바울의 회심은 방향성의 전환이었다. 죽음을 갈망했던 마음을 끊어내고 생명을 향해 돌아선 것, 자기 합리화로 타인을 열렬히 혐오했던 어둠에서 발을 빼고, 이방인들 즉 다른 민족 사람들을 살리는 생명과 빛으로 과감히 건너간 것이었다. 바울 스스로 '은혜'라고 표현한 것은 바로 이 방향성의 변화가 가져온 내적 충만함 때문이었다.

· 악과 절연한다는 것

바울의 삶은 악과의 절연이 '나쁜 짓을 중단'하는데 그치는 게 아니라는 사실을 보여준다. 악은 자신의 내면에서 벌어지는 판단의 방향성이고, 절연은 그 방향을 반대로 되돌리는 일이다. 그 절연 과정에서 바울은 자신이 평생 추구했던 율법과 선민의식 같은 절대적 토대를 내려놓았고, 특권과 오만을 벗어, 겸손히 이방인들을 향해 나아갔고, 자신이 죽이려 했던 사람들 앞에 서서 용서를 빌고 형제가 되었으며, 평생 생명을 살리고, 복음을 전파하는 고통스러운 소명에 순종했다.

바울의 회심은 기독교가 말하는 구원의 이야기이면서 동시에, 인간이 얼마나 깊이 잘못된 확신 속에 갇힐 수 있는지, 그리고 그 확신에서 벗어나는 일이 얼마나 극적인 전환을 가져오는지 보여주는 생생한 사례다. 삶의 흐름 속에서 우리도 이런 전환의 순간을 맞이하게 된다. 변화의 결과가 자신의 내면에서 어떤 방향으로 판단을 이끌어 갈 것인지 성찰한다면, 우리 눈에 붙어있던 '비늘'이 어느새 손바닥 위로 떨어져 내리는 것을 발견할 수 있을 것이다.

바울에게서 확인하듯, 생명을 향한 새로운 걸음이, 딱히 쾌락적이지 않으며, 오히려 고통스러운 경우도 많다. 그러나 적어도 위협과 폭력으로 강제했던 이념을, 대화와 설득, 자기희생과 봉사를 통해 낮은 곳에서 확산시키며 결핍된 영혼들을 살리고 있다면 자신이 옳은 판단을 하고 있음을 인정할 수 있을 것이다.

(3) 개인의 회심과 역사의 돌이킴

악과 절연한다는 것은 한 인간이 자기 존재의 방향을 근본에서부터 다시 세우는 일이다. 그것은 자신이 기대어 서 있던 토대를 스스로 걷어내는 고통스러운 작업이며, 때로는 삶 전체를 재구성하는 일이다.

사도 바울이 '회심'을 통해 경험한 것도 바로 이 '토대의 붕괴'였다. 그는 자신이 지닌 유대교적 정통성과 율법적 자부심이 정의로운 신앙의 근거라고 믿으며 예수를 믿는 사람들을 열정적으로 박해했다. 그의 판단은 명확했고, 선악의 경계는 의심할 여지가 없었다. 하지만 다메섹 도상에서 들려온 예수의 음성이 그의 내면으로 날아들었고, 신을 직면하는 초월적 경험을 상징하는 빛은 그의 눈을 멀게 했다. 자기 자신이 구축했다고 믿었던, 종교와 학문의 토대가 오히려 폭력의 근거였다는 사실을 깨닫는 순간, 바울은 그 자리에서 모든 판단 구조를 내려놓았다. 그는 자신이 악이라고 규정했던 사람들에게 무릎을 꿇었고, 그 순간부터는 '옳음'이 아니라 '진실'을 향해 생의 방향을 돌렸다. 회심은 바로 그런 전환을 의미한다.

나는 이 장면을 한국 사회의 몇몇 사례들과 나란히 놓아 생각해 본다. 역사는 여전히 우리에게 회심의 순간을 요구하고 있으며, 어떤 이들은 그 요구를 외면하지 않았다.

2025년 배우 이지아가 조부의 친일 행적을 공식적으로 인정하고 사죄한 일도 하나의 사례이다. 그는 조부가 일제강점기 동안 친일파로 활동했다는 사실을 밝히며, "그 과오는 어떠한 이유로도 정당화될 수 없다"라고 말했다. 그리고 조상의 이름으로 취득된 토지나 재산이 있다면 국가에 환수되어야 한다는 의견을 분명히 밝혔다. 조부의 잘못을 인정하는 차원을 넘어, 그녀는 자신도 모르게 누렸을 특권의 흔적을 스스로 끊어내겠다고 선언했다. 가족의 사회적 체면이나 경제적 이익을 지키기 위해 침묵하는, 암묵적인 전통을 거부하고, 역사의 진실 앞에 개인의 삶을 열어두는 결단을 보인 것이었다. 그것은 바울이 자신의 옛 기준을 내려놓았던 것처럼, 특권이라는 토대가 건네는 달콤함과 안전을 거절할 수 있다는 용기로부터 비롯된 것이다.

경기도에 사는 한 평범한 시민 윤석윤 씨가 민족문제연구소에 올린 사죄문도 비슷한 결로 읽힌다. 그는 《친일인명사전》을 우연히 펼쳤다가 그 속에서 자신의 할아버지 이름을 발견했다. 식민 초기 행정관료이자 군수로서 일제 통치를 현장에서 집행한 인물. 그 사실을 알게 된 순간 그는 "부끄러움이 심장을 찌르는 것 같았다"라고 고백한다. 그동안 그는 독립운동가 후손들이 가난 속에서 살아가는 현실을 분개해 왔고, 친일파 후손들이 아무런 반성과 책임 없이 부와 명예를 이어가는 구조에 문제를 느껴왔다. 하지만 그는 마침 스스로가 그 구조의 한가운데 서 있었다는 사실을 직면했다. 그는 사죄문에서 "이 글은 역사를 바로 세우는 데 벽돌 한 장을 올리는 심정으로 쓰는 것"이라며, 선대의 잘못을 숨기지 않고 세상 앞에 드러냈다. 그의 이 행동은 자신이 속한 세계의 윤리적 구조를 다시 평가하고, 그 속에서 자신의 위치를 재배치하는 깊은 내적 전환이었다.

이 두 사람의 행동은 매우 드물지만, 한국 사회가 잃어버린 중요한 감각을 되살리는 장면이다. 우리는 해방 이후 반민특위(반민족행위특별조사위원회)를 해산시킨 채 친일 세력을 청산하지 못했고, 그 결과 역사의 정의는 뒤집힌 상태로 굳어졌다. 독립운동가 후손이 가난으로 고통받고, 친일파 후손이 부를 세습하는 사회 구조는 어쩌다 생겨난 불의가 아니다. 그것은 국가의 미래를 좀먹는 악의 지속이며, 젊은 세대가 왜 이 나라를 지켜야 하는지, 무엇을 위해 애국해야 하는지 스스로 납득할 수 없게 만드는 도덕적 붕괴다. 이런 상황에서 이지아와 윤석윤 같은 사람들의 결단 또한 '작은 사건'이 아니다. 그것은 악을 정당화하는 도덕 붕괴 구조로부터 결별하겠다는 선인이며, 판단의 방향을 다시 생명과 진실 쪽으로 돌리는 회심의 사례이다.

회심은 신앙인들의 언어에 국한된 것이 아니다. 한 인간이 자기 토대를 다시 묻는 행위, 내가 옳다고 믿어온 기준이 과연 진실한가를 성찰하는 용기, 그리고 그 기준이 만든 이익과 안락함을 스스로 거부하는 결단. 그 모든 것을 통해 용기 있게 악으로부터 벗어나려는 일이다. 악을 끊어낸다는, 바로 그 방향 전환의 갈림길 위에서 우리는 새로운 윤리의 가능성을 발견하게 된다. 바울이 그랬고, 몇몇 친일파 후손들이 그랬으며, 앞으로 우리들의 미래세대

또한 그런 전환의 순간들을 통해 이 사회의 건강한 판단 구조를 회복해 갈 것이다. 이런 선택들이 쌓일 때 비로소 우리는 과거의 왜곡된 유산으로부터 멀어져, 더 나은 공동체를 향해 방향을 돌리는 힘을 얻는다.

역사를 반성하고 용서를 구한다는 것

악과 절연하는 일은 국경을 넘어 나타난다. 일본에도, 과거 제국주의의 폭력과 식민지 지배에 대해 자기 몫의 책임을 확인하고 용서를 빌고자 한 이들이 있었다. 그들은 국가의 공식 입장을 등에 업거나, 대중의 환호를 받은 사람들이 아니었다. 오히려 자기 공동체에서 '불편한 사람'이 되는 위험을 감수하면서, 무엇보다 집단으로 과거를 묻어버리려는 분위기 속에서 자기 목소리를 내는 용기를 발휘했다.

난징 대학살 당시 일본군 병사였던 아즈마 시로(東史郎)는 학살이 벌어진 지 50년이 지나, 자신의 일기를 공개하며 일본군이 저지른 잔혹 행위를 고백했다. 그의 일기는 일본 내 우익단체의 거센 공격을 불러왔고, 명예훼손으로 소송도 당했지만, 그는 끝까지 물러서지 않았다. 직접 난징을 찾아가 무릎을 꿇고 눈물을 흘리며 진심으로 과거의 죄를 인정하는 그의 모습은, 한때 국가의 명령에 기계적으로 판단을 위탁했던 한 인간이, 인간으로서 최소한의 진실을 지키려는 태도로 방향을 전환하고, 악을 절연하고자 했음을 보여준 것이었다.

학계에서도 역사학자 이와쿠라 요시히로(岩倉義郎) 같은 연구자들은, 침략을 축소하고 미화하는 역사 서술의 경향을 비판하며, 식민 지배가 가한 구조적 폭력과 경제적 착취를 학문적 방식으로 밝혀냈다. 이들의 작업은 일본 내에서 '자학사관'이라는 비난을 들었으나, 사실을 사실로서 말하려는 학자의 양심은 집단이 요구하는 강압적 분위기 속에서 판단을 외주화하지 않은 사례이다.

문화계에서도 주체적인 자기 성찰을 선택한 이들이 있었다. 배우 야마모토 고지(山本耕史)를 비롯한 많은 예술가가 공연과 전시, 다큐멘터리 작업 등을 통해 국가가 감춰온 전쟁 범죄를 조명했고, 전후 일본의 침묵을 깨는 작업에 참여했다. 작가 오에 겐자부로(大江健三郎)는 일본군의 민간인 학살을 집요하게 추적하며 전체주의에 맹목적으로 순응하는 행태를 비판했고, 이것 때문에 극우 단체로부터 지속적인 협박을 받았지만 굴하지 않았다.

이들의 작은 목소리는 큰 용기가 필요했다. 가해자의 역사에 속한 사람이 과거의 악과 절연한다는 것은, 국가나 사회라는 삶의 토대에 매몰되지 않고, 자국의 역사적 과오를 주체적인 판단에 따라 개인의 책임으로 반성하는 용감한 결단이다. 일본의 주류 사회가 침묵하고 외면하면서 사실상 선의 방향으로 전환하기를 거부하고 있을 때, 용기를 내 용서를 구하고 진실을 찾으려고 한 이들은 인간의 양심과 정의를 공통의 언어로 공유하는 '좋은' 사람들이다. 희생자들을 위로하고, 잘못을 인정하며 자신이 속한 공동체로부터 미움받을 수 있는, 그런 불편을 감수하는 자기희생의 정신과, '절대선'의 방향은 제대로 정렬되어 있다.

절대선을 향한다는 것

신약성경에 등장하는, '선한 사마리아인' 비유는 판단의 본질에 관한 이야기이다. 강도 만난 유대인을 지나쳐 버린 것은 제사장과 레위인, 즉 종교 지도자들이었으며, 도리어 유대인과 적대적 관계였던 사마리아인이 그를 도왔다. 당시 유대 사회에서 사마리아인은 '이단'이며 '배척받는 자'였다. 히지만 이 비유를 말한 예수의 판단, 그 기준은 전혀 달랐다. 종교 지도자들이 앵무새처럼 떠드는 경건이나 의례, 사회적 지위, 신앙의 유무와 같은 '종교성을 둘러싼 삶의 토대'는 하나도 중요한 게 아니었다. 자신의 '토대'가 반복해 온 익숙한 가르침을 넘어, 타인의 고통에 응답하는 존재, 즉 '강도 만난 자의 이웃이 되어준 자'가 옳은 판단을 한 사람이라는 것이다.

이것이 사유하는 용기이다. 예수는 유대인이라는 익숙한 기준에 질문을 던진다. 당시 배척당하던 사마리아인을 통해 낯설지만, 신이 가르쳐주는 선의 방향을 향해 한 걸음 내디딜 용기를 보여주는 사람이 주체적 판단력을 가진 사람임을 설파한다. 이는 결국, 이 땅에 보내신 '신의 뜻'을 수행하지만, 예수가 십자가에서 죽음을 선택한 것이, '사유하지 않고 무조건 복종'한 게 아님을, 자기가 선택한 주체적 행동의 근거와 결과, 그 영향까지 깊이 성찰하고, '절대선'의 방향을 향해 살았음을 스스로 입증한 것이다. 정의는 이렇게 땅 위에서 이뤄져 왔다.

염치의 회복, '부끄러움을 아는가?'

염치는 '나의 판단, 나의 행동이 누군가에게 상처가 될 수 있다'를 깨닫는 감각이다. '내가 하는 말이 부당하지는 않은가'를 묻는 용기이며, 무엇인가를 강하게 확신하고 있는 중에도, "혹시 내가 틀렸을 수도 있다"라는 의심을 품는 겸손의 태도다. 염치는 법률로 강제할 수 없고, 제도로 만들 수도 없다. 염치가 사라진 판단은 공정함을 잃고, 폭력을 부르며, 공동체를 붕괴시킨다.

염치는 우리를 절대악으로 치닫지 않도록 우리의 판단을 견제하는 감각이다. 나의 이기적인 판단이 타인의 생명을 경시하거나, 관계를 단절시키는 악한 방향으로 흐르지 않도록, 자신을 성찰하는 것이 염치라는 말의 핵심이다. 염치라는 감각이 왜 그렇게 중요한가 하면, 그것은 우리의 판단이 지향해야 할 윤리의 궁극점과 연결되기 때문이다. 윤리적 판단의 극점을 이야기할 때, 이제 우리는 절대선과 절대악이라는 개념을 떠올릴 수 있다.

상대적이며 절대적인 선악 판단의 기준

진보는 선하고, 보수는 악한가. 그럴 리 없다. 심지어 진보 진영이 이념적으로는 평등과 정의를 추구했지만, 그것이 구체적 정책과 삶의 현장에서 배반적인 모습을 보였던 경우도 많았다. 어떤 정치 진영이든 도덕적 우월감에 취해, 스스로에 대한 성찰과 비판이 결핍되고, 말과 실천이 비례하지 않으면, 국민은 실망한다. 마찬가지로 자신의 부도덕에도 불구하고 뻔뻔하게 타인들의 약점을 물고 늘어지며, 남을 비방하고 권력을 유지하려는 자들에게도 손을 젓는다. 정치권력을 획득하기 위해 정당 활동을 하는 이들에게서 '선을 향해 방향을 잡은 태도'를 찾기란, 모래밭에서 작은 바늘을 줍는 것처럼 어려운 일이다.

그러므로 정치인들에게서 선악 기준으로 판단할 때의 원칙은, '누가 더 선한가'가 아니라, '누가 덜 나쁜가'이며, 그것이 현실적이고 실용적인 민주적 판단의 토대를 이룰 것이다. 그에 대한 판단 기준은 다음 장에서 다루겠지만, 너무나도 간단하다. 왼손과 오른손에 올려놓은 돌멩이와 깃털의 무게를 느끼고 비교하는 것이다. 모든 사람에게 무거운 건 나에게도 무거워야 한다. 그리고 무거운데도 무겁지 않다고 강제하거나, 무게를 재는 일이 필요 없다고 억지를 부리지는 않는지, 내 판단의 토대가 되는 공동체나 가족, 친구들을 차분하게 점검해야 한다.

또, 우리가 가진 상식과 반대로 깃털이 더 무겁다고 얘기하는 사람은 왜 그런 판단을 했는지, 그리고 그 판단이 어떤 방향에서 이뤄지는지 대화를 나누고, 그것이 정말 '절대선'의 방향에 부합한다면, 기꺼이 '악'과 절연하고, 방향 전환을 할 용기를 기르는 일 또한 필요하다.

결국, 좋은 판단은 좋은 가치를 추구하기 위해, 많은 사람과 대화하며 자신을 열고, 가장 어린아이도 이해할 수 있는 '무게'라는 기준으로 자신의 판단을 설명할 수 있어야 한다. 또 그 판단을 염치라는 리트머스 용액에 담갔다가 꺼낼 때, 선명하고 당당하게 누구에게도 '부끄럽지 않은' 것이어야 한다.

6장

판단 기술, 좋은 판단을 하려면

 지금 어디에 서 있는가, 토대를 묻고, 지금 어디로 가고 있는가, 방향을 묻는 일. 그 질문을 멈추지 않는 것, 선을 향해 나아가려는 그 태도 자체가 판단의 기술 요소이다.

무게 : 사리 판단의 기본 감각

좋은 판단은 '옳은 것을 아는 것'에서 출발하지 않는다. 『우리가 알아야 할 모든 것은 유치원에서 배웠다』를 쓴 미국 작가 로버트 풀검(Robert Fulghum)은 "다른 사람을 때리지 말자", "자기가 어지럽힌 것은 스스로 치우자" 같이 유치원 아이들이 일찌감치 배우는 단순한 도덕이, 사실 생명의 소중함과 자연의 경이로움, 그리고 타인에 대한 공감과 배려의 중요성을 알려주는 '가장 기본적인' 가르침이라고 말했다.

좋은 판단은 이렇게 기본적인 훈련에서 비롯된다. 그리고 그것은 '어느 것이 더 무거운지'를 느끼는 감각처럼 단순하다. "무게를 들어보는 것." 아주 오래된 인류의 방식이지만, 어떤 사람들은 의식적으로 던져 버린 능력이다. 무게를 가늠하는 일은 훈련도 필요 없는데 말이다. 나는 앞서 800원을 횡령한 혐의로 해고된 버스 기사에 대해서는 냉혹했던 반면, 85만 원을 부정한 향응으로 제공받은 검사에 대해서는 따뜻했던 어떤 판사의 이중적인 기준과 태도를 비교하며, 크기와 부피를 말했다. 그건 사실, 무게에 관한 이야기였다. 이것은 단지 법리라는 추상적인 문제가 아니다. 그것은 '무게를 재는, 그리고 무게를 비교하는 감각'의 문제다. 그리고, 무게를 비교하는 감각은 '공감'에서 비롯된다. 도대체 우리 법원의 판사들은 그런 기본적인 무게 감각을 언제 잃어버리는 것일까?

어린이집에서 학대를 당해 죽은 아이의 부모는 평생 지울 수 없는 슬픔을 안고 사는데, 가해자에게 선고된 판결문에는 그 무게가 없다. 더 이상 세상에 존재하지 않는 피해자의 절망, 유족의 안타까움을 짊어진 판결이 아니라, 자기 앞에 서서 불쌍한 모습으로 선처를 구하는 가해자의 사정에만 공감하는 언어들이 난무한다. 좋은 판결은, 죄의 크기, 피해자의 고통, 가해자의 책임, 사회적 파장 등 모든 것에 작용하는 '무게'를 종합적으로 고려하여 내리는 '판단'에 근거해야 한다. 판사가 정서적으로 이미 가해자 또는 권력자에게 '공감'하며, 피해자 또는 보통 사람인 피의자의 상황을, 자신의 세계에서 이해하지 못하는 깃털 같은 존재로 간주한다면, 그의 저울은 이미 한쪽으로 기울어져 있는 거다.

판사들뿐이겠는가. 사법 시스템의 왜곡은 우리 사회에 '무게 감각 없는 판단'이 얼마나 만연해 있는지를 보여 주는 단적인 사례다. 판단은 순식간에 감정에서 내려지고, 그 감정은 '공감 능력'이라는 태도가 얼마나 훈련되었는지에 따라 달라진다. 좋은 판단은 좋은 사람이 내리는 것이 명백한데 말이다.

어느새 잊혀진 마음의 감각, 부끄러움

우리는 언제부터 염치를 잃었을까? 부끄러움을 아는 감정은 공동체가 유지되는 최소한의 윤리였지만, 지금은 오히려 '손해 보는 감정'이 되어버렸다. 앞서 나는 어떤 검사 출신 국회의원에 대해 이야기하면서 그의 재산 형성이 쟁점이 되면서, 공직 후보자를 향했던 자신의 호된 비판이 도리어 역풍을 맞았다고 얘기했다. 보통의 서민들은 의문이 들 수도 있는 게, 어떻게 20년간 검찰 공무원을 하면서, 수십억의 재산을 보유할 수 있는지, 그리고 그의 자녀는 이제 막 성인이 되었는데 어떻게 수억여 원의 예금을 가졌는지, 그럼에도 왜 2억 남짓의 재산을 신고한 공직 후보자에게, 그렇게나 핏대를 올리며, 청렴과 도덕성에 대한 질타를 퍼부었는지와 같은 궁금증이 생긴다.

앞의 장에서 나는, 이 정치인의 이러한 행위가 우선 스스로 검사, 즉 '죄를 만드는 직업'에 오래 종사하면서 생겨난, '나의 주변 문제는 결코 죄가 되지 않을 것이라는 확신'에 따른, 자기검열의 부재요, 공감 투사 능력의 부실이라고 지적했다. 염치라는 게 힘을 내서, 만약 그에게 부끄러움이라는 감정이 정상적으로 작동한다면, 최소한 자신에게 투사될지도 모를 이런 이슈로 국민 앞에서 남에게 통렬한 도덕적 비난의 언어들을 쏟아내지는 않았을 테지 않은가.

좋은 판단을 하려면, '염치 있는 사람들'과 어울려 살아야 한다. 내가 속한 공동체, 친구들, 가족 안에서 누가 염치를 알고, 누가 그것을 의도적으로 무시하며 사는지를 냉정히 살펴봐야 한다. 그리고 때로는, 내가 모르고 지나가는 '내가 부끄러워해야 할 일들'을 알려주는 사람들이 필요하다. 동시에 부끄러움을 모르는 자들과는 단호하게 거리를 둘 수 있어야 한다. 염치를 모르는 사람은 공감도, 자기 객관화도 안 되는, 생존 본능만 남은 '내로남불러'일 뿐이기 때문이다.

좋은 판단은, 좋은 사람에게서 나온다. 그래서 '판단'을 전문직으로 하는 판사들 중에 좋은 사람들이 많아지기를 바란다. 그들에게 공감의 정서와 역지사지(易地思之)의 태도를 특정 계층을 향해서가 아니라, 모든 국민을 대상으로 갖출 수 있도록 정례적 훈련이 필요하다는 생각을 정말 많은 사람들이 하고 있다.

거울 보기: 자기 토대를 성찰하라

내가 누구인지 나의 토대가 무엇인지를 알고 있는지, 그것을 의식적으로 확인하는 일은 언제나 필요하다. 내가 어떤 정치인을 좋아하고, 어떤 사회 이슈에 격분하며, 어떤 뉴스를 클릭하는가? 이 모든 것들은 나의 태도에서 비롯된다. 그리고 태도는 대개 나의 '토대'의 결과다.

나는 왜 이 정치인이 싫을까? 나는 왜 이 성소수자 이슈에 냉소적인가? 나는 왜 이 전쟁 뉴스에 무관심한가? 이 질문들을 던지는 순간, 우리는 사유의 공간으로 진입하게 된다. 그리고 여기서 우리는 판단을 훈련하게 된다. 질문을 던지고, 성찰하고, 다시 질문하는 과정이 없다면, 판단은 늘 외부에 던져지고 말 것이기 때문이다. 한나 아렌트가 말했던 '사유의 중단'은, 판단이 외부로, 그것도 나의 준거집단에 '무비판적으로' 위임된 상태를 뜻한다. 그때 우리는 다시 묻는다. 나의 판단은 진짜 나의 것인가? 아니면 내가 속한 집단의 태도를 내가 전적으로 수용한 결과인가?

나는 이전에 저술한 책 『소녀기술』에서 〈소녀들이 가스라이팅에서 벗어나는 기술〉이라는 챕터를 쓴 적이 있다. 그 글의 목적은 분명했다. 가스라이팅에서 벗어나기 위해 가장 먼저 해야 할 일은, 지금 내가 가스라이팅의 상황에 놓여 있는지를 스스로 인식하는 것이다. 그래서 첫 번째로 던져야 할 질문은 단순하다. "혹시 나는 지금 가스라이팅을 당하고 있는 것은 아닐까."

이 질문을 자기 자신에게 던지는 일은 결코 쉽지 않다. 우리는 누군가를 신뢰할수록, 그 신뢰를 의심하는 일을 불편해하기 때문이다. 특히 그 사람이 나에게 큰 영향력을 미치는 존재일수록 더욱 그렇다. 그래서 두 번째 점검이 필요한데, 나에게 영향력을 행사하는 그 사람이 누구인지, 그리고 그 영향력이 어떤 성격의 것인지를 구체적으로 살펴보는 일이다. 예를 들어 그가 교회의 목사라면, 그가 신을 우선하는지, 아니면 돈이나 권력을 우선하는지, 윤리적으로 문제는 없는지, 학력이나 경력은 진실한지 등을 확인하는 건데, 실제로 이것은 몹시 어렵다.

가스라이팅 상황을 가장 확실하게 드러내는 가장 손쉬운 신호는 세 번째 점검을 통해 찾을 수 있다. 그건 바로 나에게 영향력을 미치는 사람이, 나와 다른 사람들 사이의 관계를 차단하는 것이다. "내 말만 들어라", "다른 사람의 말은 모두 거짓이고 말을 섞지 말아라"라는 요구는 확정적이다. 타인과의 대화를 차단하고 자기 말만을 유일한 진실로 만들려는 시도는 가스라이팅의 가장 전형적인 특징이다. 열린 소통을 막는 순간, 판단은 자신의 것이 아니라 누군가의 것이 된다.

우리가 속한 집단의 토대가 우리 판단을 자동으로 강제하고 있다는 것은, 엄밀하게 말해 사회적 차원에서 일종의 가스라이팅이다. 그 과정에서 우리에게 물리적인 강제력을 동원하거나, 정신적으로 강박스럽게 몰아치지 않는다 하더라도, 어떤 사안을 판단할 때의 절대적 기준이, 종교단체든, 회사든, 가족이든 특정한 문화적 준거집단이 될 때, 우리 스스로 그 집단에 대해 '질문'하고, 살펴볼 수 있지 않다면 문제가 있는 것이다. 그리고, 우리가 속한 집단의 토대가 우리의 삶에서 다양한 행위의 선택을 '선'의 방향으로, 또는 '악'의 방향으로 이끄는지를 점검해야 하는데, 그것은 타인과의 열린 소통이 없다면 불가능하다. 그러므로, 우린 가장 먼저 '거울을 들여다' 보는 것이다.

내가 누구에게 영향을 받아, 일상의 선택을 하는지. 그리고 내게 영향을 미치는 집단이나 사람에게 얼마나 많이 그리고 자주 나의 판단을 외주화하는지. 또, 그들이 다른 입장의 사람들과 대화하는 것에 대해 어떤 태도를 취하는지. 거울을 들여다보며, 계속 나의 자리를 점검하자. 사회적 토대의 가스라이팅으로부터 벗어나는 일은 나의 토대가 무엇인지 '사유'하는 것이 가장 우선이다.

사실과 근거에 대한 고집, 열린 태도와 유연한 사고

한나 아렌트의 관찰과 사유의 과정에서 내가 존중하는 그녀의 일관된 태도는, 아렌트가 결코 '전지적 관찰자'를 자처하지 않았다는 점이다. 그녀는 언제나 자신이 접근할 수 있었던 자료의 범위를 명확히 했고, 자신이 본 것, 들은 것, 확인한 사실들에 근거해 판단을 내렸다. 『예루살렘의 아이히만』은 철학적 상상력이 아니라, 재판 현장에서의 관찰과 기록 위에 세워진 책이다. 그녀는 아이히만을 변호하지도, 증오하지도 않았다. 자신의 눈앞에서 펼쳐진 현실을 외면하지 않고, 그 근거 위에서 '악의 평범성'이라는 개념을 용기 있게 제시했다. 바른 판단이란 막연한 추측이나 감정이 아닌, 객관적으로 검증된 자료와 논리에 뿌리를 둔 '현재의 최선'이다.

문제는 그 이후다. 진실의 조각들이 한 시대, 한 사람에게 모두 주어지는 경우는 거의 없다. 아렌트 사후에 공개된 아이히만의 비밀 녹취록은, 그녀로서는 접근할 수 없었던 숨겨진 진실, 아이히만의 전혀 다른 얼굴을 폭로하는 것이었다. 베티나 슈탕네트는 이 새로운 자료를 면밀하게 분석해, 아렌트가 관찰했던 아이히만이 '사유가 결핍된 관료'가 아니라, 사실은 유대인 박멸을 사명으로 여겼던 확신범이었음을 알아낸다. 아렌트를 향한 슈탕네트의 비판은 정말 악한 범죄자를 '사유 결핍의 인간'으로 규정하는 것이, 악의 무게를 경감시키는 데 일조할 수 있다는 지성인의 깊은 분노와 우려였다.

진정한 지식인은 결론 자체에 집착하지 않는다. 이전의 통찰이 불완전한 정보를 바탕으로 했음을 기꺼이 인정하고, 분석의 차원을 확장한다. 근거와 과정의 정당성을 부인하는 것이 아니라, 기존의 논리를 흔드는 새로운 근거를 인정하고 더 큰 통찰로 나아가는 것이 지성인의 올바른 경로이다. 앞서 가정한 바 있지만, 아마도 아렌트가 생존했다면, 그녀는 새로운 자료를 받아들이고, '사유의 결핍'으로부터 '타락한 사상의 확신범'으로 악의 궤적이 확장하는 과정을 통합하며 그 위험성을 경고했을 것이라 믿는다. 이것이 바른 판단을 지속하는 데 가장 필요한 열린 태도인 것이다.

어떤 판단이든 그것은 '시간의 좌표'를 갖는다. 우리는 현재를 살아가고 있기 때문에, 현시점에서 최선을 다해 확보한 사실과 증

거로부터 논거를 얻었다면 그것에 대해 믿음과 고집을 가져야 한
다. 하지만, 동시에 세계와 역사는 끊임없이 새로운 증거와 관점
을 드러낸다는 사실을 인정할 필요가 있다. 나의 판단은 현재에
한정된 최선일 뿐임을 기억하며, 새로운 진실 앞에 기꺼이 내 생
각을 수정할 유연함을 유지하는 것이 성숙한 판단을 위한 마음가
짐이다.

이러한 사고의 유연함은 사회과학의 영역에서 극적인 사상
적 전향을 통해 발견된다. 스위스의 발달심리학자 장 피아제(Jean
Piaget)가 주장한 '발생적 인식론'은, 지성인이 자신이 쌓아 올린
초기 이론의 오류를 스스로 인정하고 그 지적 체계를 무너뜨린 사
례라고 할 수 있다.

피아제의 초기 심리학 연구는 칼 융의 영향을 받은 정신분석학
분야에서 시작했으며, 그렇기 때문에 당시의 주류 이론에 기반해,
인간의 모든 정신을 무의식과 욕구라는 관점에서 해석하려 했다.
그러나 파리에서 지능 검사 표준화 작업에 참여했을 때, 피아제는
결정적인 다른 증거를 맞닥뜨리게 된다. 그는 아이들이 '어른과
근본적으로 다른 사고 구조'로 세상을 이해하고 있으며, 그들에게
서 나타나는 오류의 방식이 언제나 일관된 패턴을 보인다는 것을

발견했다. 모든 것을 무의식적인 동기로 환원하는 정신분석학의 모델, 즉 자신의 기존 이론으로는 이를 결코 설명할 수 없다는 걸 의미했다.

피아제는 자신이 의지했던 무의식과 동기에 대한 이론의 핵심 전제가 틀렸음을 인정하고, 아이들이 세상을 이해하는 논리적 구조를 이해하기 위해 연구의 방향을 완전히 전환해 버렸다. 결국, 그는 아동의 사고 과정에서의 구조적 차이라는 새로운 증거를 바탕으로 인지발달 이론이라는 통합적 차원의 가설을 제시했다. 이는 자신의 정체성을 구성했던, 초기의 학문적 주류를 스스로 무너뜨리고 심리학의 중점적 대상을 무의식에서 인간의 사고로 옮긴, 드라마틱한 전환이었고 열린 태도를 가졌기에 가능했던 바른 판단이었다.

한국 근현대사의 사상가 고 함석헌(咸錫憲) 선생에게서도 이러한 모습을 찾을 수 있다. 내가 대학교 신입생 때 접했던 책, 『뜻으로 본 한국 역사』를 집필했던 선생은, 기독교 신앙과 민족주의에 기반하여 한국 역사를 고난 속에서 실현되는 '뜻'(절대 진리)의 과정으로 해석했다. 하지만, 해방 이후 내전과 분단, 독재와 민주주의 쟁취를 위한 민중의 고난이라는 현실을 보며, 그는 점차 추상적인 이

넘과 종교적 교리만으로는 실제 삶의 고통을 외면할 수밖에 없음을 깨달았다. 선생은 이 현실적 근거를 외면하지 않고 자신의 사상을 근본적으로 수정하고 확장했다. 그는 '민족'이나 '국가'에서 시선을 옮겨, 억압받고 소외된 구체적이고 살아있는 민중을 가리키는 '씨알'을 사상의 중심에 두었다. 씨알 사상은 그가 종교와 민족주의적 신념을 버린 것이 아니라, 현실의 민중 고난이라는 객관적인 증거를 수용하여 더 실천적이고 현실에 발을 디딘 사상으로 확장하고 통합한 결과였다. 그는 이념에 집착하지 않고, 새로운 현실에 대한 정직한 반응을 통해 자신의 사유를 끊임없이 갱신했다.

과거의 판단을 수정하는 일은 비겁함이 아니라, 사유라는 용기가 여전히 싱싱하게 살아 있다는 증거다. 우리가 추구하고 실천해야 할 판단의 기술에서 중요한 것은, '확신을 갖지 말라'는 조언이 아니다. 오히려 정반대다. 우리는 사실과 근거에 대해 훨씬 더 집요하고 냉정하게 파고들어야 한다. 그리고 그 논거들의 튼튼함에 기반한 확신을 '잠정적'으로 갖는 것이다. 항상 문제는, 그 근거와 사실을 절대화하는 순간 생겨난다. 근거는 판단을 지탱하는 발판이지, 신앙의 대상이 아님을 기억하자. 명확하게 기존의 확신에 대적하는 새로운 근거와 사실이 등장했을 때, 기존의 판단을 보완하거나 수정할 마음이 없다면, 그건 사유도 판단도 아닌, 종교에 가까운 맹신일 뿐이다.

‘사유하지 않는 복종’과 ‘확신에 찬 신념’은 서로 다른 위험이 아니다. 그것은 두 종류의 악이 아니라, 하나의 악이 성장하는 서로 다른 시점의 이름이다. 생각을 멈춘 인간은 오래 머물 수 없다. 그는 반드시 어떤 확신으로 이동한다. 복종은 잠정적일 수 있지만, 복종을 정당화하기 위해 인간은 결국 믿어야 하기 때문이다. 아렌트가 본 아이히만은, 아직 자신을 믿지 않아도 되었던 인간의 얼굴이다. 슈탕네트가 드러낸 아이히만은, 더 이상 의심할 필요조차 느끼지 않는 인간의 얼굴이다. 이 둘 사이에는 단절이 없다. 오히려 그 연결 지점이야말로, 우리가 가장 두려워해야 할 남이 전한 사유가 확신으로 굳어지는 부분이다. 그래서 우리에게 ‘열린 태도’란, 관대함의 미덕이 아니다. 사실과 근거를 존중하되, 그것을 신념으로 바꾸지 않으려는 고집, 여기에서 판단은 비로소 인간의 것이 된다.

맥락에 대한 감각, 역사는 항상 윤리의 문제

판단에는 언제나 기준이 있다. 그리고 그 기준은 대개 스스로 만들어진 것이 아니라, 이미 완성된 형태로 전달되거나 강요된다. 우리는 그것을 문화, 전통, 국가, 민족과 같은 이름으로 받아들인다. 이처럼 거대한 준거집단은 개인의 판단을 형성하는 가장 강력한 사회적 토대가 되며, 그 영향은 종종 의식보다 무의식의 영역에서 작동한다.

우리가 점검해야 하는 것은 기준의 존재가 아니라, 기준이 세워지는 방식이다. 기준은 '옳기' 때문에 따르는 것이 아니라, 오랜 시간 반복되고, 권위를 부여받으며, 의심 없이 내면화될 때, 비로소 '옳다고 믿어지는 것'이 된다. 그래서 우리는 판단의 기준을 언제나 확인해야 한다. 우리가 당연하게 여기는 판단이 어디에서 왔는지, 어떤 역사적 맥락을 가졌고, 권력 간의 흐름 속에서 어떤 변성을 거쳤는지를 묻지 않는다면, 기준은 윤리가 아닌 관성 작용일 뿐이고, 판단은 자동으로 권력자들에게 양도된다.

역사는 그저 배경이 아니다. 언제나 윤리의 문제가 따랐다. 해방 이후 친일 세력이 제대로 단죄되지 않은 채 국가 권력과 제도의 중심이었음을 아는 사람이라면, 오늘날 일부 집단의 판단 기준이 사회의 공존과 공공 윤리보다는, 개별 직군의 안위와 권력 유지에 전력투구하고 있음을 알게 된다. 적극적으로 타인을 희생시키는 선택도 그들에게는 '합리적 판단'이다. 뒤집어 보면, 일본 제국주의 침탈 같은 비상 상황에 재빠르게 적응, 변신에 성공한 조상들의 화려한 처세로 누리고 있는 사회적 특권을 어리석은 자들과 나누고 싶지 않은 게 그들로서는 당연한 것이다. 당연함을 이해한다고, 그걸 정당하다고 말하는 건 아니다. 오히려 그들의 판단이 어떤 토대 위에서 형성되어 왔는지를 이해하기에, 우리는 더 명확하게 잘못된 것에 대해서 선을 그을 수 있다.

옳은 판단을 위해, 처지가 다르고 토대가 상반된 진영의 논리를 '이해하는 것'은, 시작일 뿐이다. 우리는 각 진영의 판단을 형성시킨 역사적 맥락과 과정을 끝까지 추적해야 한다. 이것이 판단의 수직적 차원이다. 그것만으로는 충분하지 않다. 그 판단이 생명과 존엄을 향하는지, 아니면 타인을 파괴하고 배제하는 것인지를 물어야 한다. 윤리와 선의 방향성에 대한 감각이, 바로 판단의 수평적 차원이다.

역사를 안다는 것은 유보나 중립을 허락받는다는 뜻이 아니다. 오히려 역사를 깊이 이해할수록, 어떤 판단은 더 이상 '의견'의 문제가 아니라, 분명한 윤리적 선택의 문제가 된다. 맥락을 읽되 거기에 머무르지 않는 것, 이해하되 선을 넘지 않는 것, 이것이 성숙한 판단이 요구하는 감각이며, 판단 기술의 핵심 요소이다.

선 의지 : 인류의 미래에 대한 방향 감각

우리는 흔히 '무엇이 옳은가'를 묻는다. 윤리적 판단에서 더 중요한 질문은 따로 있다. 나는 지금 어떤 기준 위에 서 있으며, 그 기준은 나를 어디로 데려가고 있는가 이다. 윤리란 선과 악의 본질을 규정하는 일이 아니라, 나의 판단이 향하고 있는 방향을 자각하는 일이다. 내가 믿고 있는 신념은 어디에서 왔는지, 그것이 지금 이 순간에도 누군가의 고통을 외면하게 만들고 있지는 않은지를 묻는 일, 거기에서 윤리적 자각은 시작된다.

20세기 프랑스 철학자, 에마뉘엘 레비나스(Emmanuel Levinas)는 "윤리는 타인의 얼굴 앞에서 시작된다"라고 말했다. 타인의 고통을 마주하는 순간, 우리는 더 이상 추상적인 기준 뒤에 숨을 수 없다. 그 얼굴 앞에서, 내가 옳다고 믿어온 기준은 시험대에 오른다. 이것은 선한 의도를 갖는 문제가 아니라, 나의 판단을 타인의 생명 앞에 세워보는 훈련이다. 윤리는 감정이 아니라, 실존적 태도이며, 방향 감각이다.

그래서 우리는 기준을 점검하는 습관을 지녀야 한다. 윤리는 '지금 내가 어디에 서 있는가'를 묻는 일인 동시에, '지금 내가 어디를 향해 가고 있는가'를 묻는 일이다. 역사 속의 수많은 악행은 늘 "그 당시에는 당연했다"라는 말로 정당화되어 왔다. 노예 제도, 식민지 지배, 학살과 차별은 언제나 시대의 기준을 등에 업고 실행되었다. 기준 그 자체는 결코 윤리를 보증하지 않는다. 그렇다면 우리는 묻지 않을 수 없다. 이 기준은 생명을 살리는 방향을 향하고 있는가. 아니면 누군가의 고통을 무시하거나, 소멸을 정당화하는 방향으로 나를 밀어 넣고 있는가. 나는 지금 어느 쪽을 향해 걷고 있는가.

좋은 판단이란 절대적으로 선한 지점에 도달하는 능력이 아니라, 생명과 존엄을 향한 방향을 포기하지 않는 일이다. 그 길에서는 나의 이익을 내려놓는 선택이 요구될 수도 있다. 반대로 악은 어떤 본질이라기보다, 판단이 모든 존재의 소멸을 향해 기울어진 상태로 이해할 수 있다. 선과 악은 고정된 좌표가 아니라, 우리가 매 순간 선택하고 이동하는 방향이다.

우리는 선에 완전히 도달하지 못할지도 모른다. 악을 완전히 제거하지도 못할 것이다. 그러나 우리는 돌아설 수 있고, 비껴갈 수 있으며, 멈춰서 방향을 점검할 수 있다. 우리의 판단과 행위는 언제나 나를 희생해 타인을 살리는 쪽과, 나의 안위를 위해 타인을 소멸시키는 쪽 사이에서 흔들린다. 그런 의미에서 윤리는 답을 외우는 일이 아니라, 끊임없이 묻는 행위이다. 지금 어디에 서 있는가, 토대를 묻고, 지금 어디로 가고 있는가, 방향을 묻는 일. 그 질문을 멈추지 않는 것, 선을 향해 나아가려는 그 태도 자체가 판단의 기술 요소이다.

판단 기술의 실제 적용

판단은 결코 완벽할 수 없다. 그러나 무책임할 수도 없다. 역사 속의 참사들은 대개, 불완전한 판단 그 자체보다, 판단이 충분히 이뤄졌다고 믿는 확신에서 비롯되었다. 판단은 언제나 위험을 감수하는 행위이며, 감정에 대한 훈련이고, 윤리이며, 동시에 용기다. 완벽한 판단은 없다. 다만, 최선의 판단만 존재할 뿐이다. 그리고 그 최선은, 이미 진리를 알고 있다는 태도가 아니라, 모른다는 사실을 인정하는 데서 출발한다. 질문하고, 경청하고, 사유하는 과정을 스스로 멈추지 않겠다는 결단, 그것이 '좋은 판단'의 출발점이다.

우리는 모두 '틀림없이' 이성적으로 판단하고 있다고 믿는다. 특히 정치적 사건이나 사회적 갈등, 국제 분쟁과 같은 사안 앞에서 우리는 순식간에 입장을 정하고, 마음속에서 결론을 내려버린다. 실제로 우리는 이성보다는 감정과 기억, 특히 체득해 온 습관과 공동체의 시선에 의해 세계를 바라보고 있다. 판단이란 이 영향들로부터 완전히 벗어나는 게 아니라, 그것들과의 거리를 의식적으로 인식하고 조절하는 힘이며, 때로는 그것들과 나누는 정직한 대화이다.

6장을 통해, 지금까지 나는 좋은 판단을 가능하게 하는 몇 가지 감각과 태도들을 살펴보았다. 저울 위에서 일상의 무게를 편견 없이 재는 감각, 염치를 알고 부끄러워하는 태도, 나의 토대를 비춰보는 성찰, 가스라이팅을 극복할 질문과 기준, 사실과 근거에 대한 집요함과, 동시에 그것을 절대화하지 않는 열린 태도, 그리고 판단을 역사적 맥락과 윤리적 방향성 속에서 함께 읽어내는 감각까지. 이것들은 각각 독립되어 보이지만, 실제로는 하나의 판단을 구성하는, 서로 다른 유기적인 축들이다. 하나만으로는 충분하지 않으며, 서로를 긴장 속에서 보완할 때 비로소 좋은 판단의 가능성은 높아진다.

완벽한 판단이 불가능하다는 사실은, 판단을 포기해도 된다는 의미가 아니다. 오히려 그렇기 때문에 우리는 더 생동(生動)하며, 깨어있어야 한다. 판단에 선행하는 우리의 감정이 어디에서 비롯되었는지를 묻는 일, 나의 사회적 토대 특히 우리에게 영향력을 행사하는 미디어와 웹 목소리들의 정체와 역사를 꿰뚫는 일, 그래서 내가 어떤 방향으로 판단하고 선택을 하도록 그들이 이끄는지 점검하는 일 등에 부지런해야 한다. 복종이라는 형태로 외주화된 판단에서 벗어나, 다시 질문을 품고, 다시 무게를 느끼며, 다시 염치를 기억하는 일. 그것은 도덕적 결벽이 아니다. 우리가 더불어 살아가기 위한 최소한의 윤리 훈련이며, 그 지점에서 비로소 우리는, 다시 '주체적인 판단'을 회복하게 된다.

이러한 판단의 기술들이 실제 세계에서 어떻게 작동할까? 우리가 선악에 대해 어떤 기준을 세우고, 맥락과 사실들을 얼마나 살피는지, 그러면서 동시에 어떤 무게 감각으로 사안들에 공감하며 스스로에게 부끄럽지 않은 방향은 어떤 것인지를 스스로에게 질문하는 습관을 갖춘다면, 사회적 논란을 불러일으키는 복잡한 이슈들도 조금은 자신의 생각과 언어로 이해하고 정리할 수 있게 될 것이다. 부록을 통해 우리 사회에서 첨예한 논란이 되었던 몇 가지 사례들에, 어떤 판단의 기술을 적용할지 함께 생각해 보자.

판단 기술, 적용 사례

(1) 유명인의 범죄 이력, 단죄의 범위

2025년 12월, 연예 매체《디스패치》는 배우 조진웅에 대한 보도를 내놓았다. 이에 따르면 그는 고등학교 시절 친구들과 함께 절도 및 차량 절취 등의 범죄에 연루되었고, 이 과정에서 성폭력과 관련된 중대한 범죄 혐의가 제기되어 소년보호처분을 받고 소년원에 수용된 전력이 있다는 것이다. 해당 매체는 또 그가 성인이 된 이후에도 폭행 사건으로 벌금형을 받았고, 음주 운전으로 면허가 취소된 경력이 있다고 덧붙였다. 보도 직후 조진웅은 공식적으로 연예계 은퇴를 선언했다.

이 사건은 단순한 연예인 개인의 과거사 폭로를 넘어 사회적 쟁점으로 번졌다. 그는 오랜 시간 대중에게 도덕적이고 성실한 배우이자, 사회적 발언에도 책임감을 보이는 인물로 인식되어 왔다. 그런 인물의 청소년 시절 중범죄 전력이 뒤늦게 드러났다는 사실은, 대중에게 강한 인지적 균열을 불러 일으켰기 때문이다. 여기에는 "사람은 얼마나 변할 수 있는가", "과거의 죄는 현재를 어디까지 규정하는가"라는 오래된 질문과 함께, "공적 인물에게 요구되는 윤리의 기준은 무엇인가"라는 복잡한 판단의 문제가 겹쳐 있다.

내가 이 보도에서 가장 문제 삼고 싶은 지점은, 피해자의 의사와 동의가 명확히 확인되지 않은 상태에서 과거 사건이 재구성되고 소비되었다는 점이다. 미성년 시절의 범죄라 하더라도, 성폭력과 관련된 사안이라면 피해자가 존재하는 사건일 수밖에 없다. 그러나 이번 보도는 제보자의 증언과 일부 간접 자료를 중심으로 과거 행위를 기술했을 뿐, 피해 당사자가 이 폭로를 어떻게 받아들이고 있는지, 혹은 이러한 공개적인 논의를 원하고 있는지에 대해서는 거의 언급하지 않았다. 일부 보도에서는 피해자로 추정되는 인원이 다수일 수 있다는 이야기도 등장했는데, 이 역시 청소년 보호를 포함한 법적 제약과 수사 단계의 한계로 인해 확인된 사실로 공표되긴 어렵다

이 불확실성 속에서 30년 전 사건이 대중적 분노의 재료로 소비되는 방식은 경계할 필요가 있다. 피해자를 위한다는 명분 아래 이루어지는 폭로가, 정작 피해자의 평온과 회복에는 아무런 기여를 하지 못한 채 또 다른 상처를 남길 가능성이 충분히 존재하기 때문이다. 여기서 중요한 것은 범죄의 중대성을 축소하는 것이 아니라, 판단의 무게 중심을 어디에 둘 것인가라는 문제다.

이 사안을 둘러싼 사회진영의 반응 역시, 사실 판단이라기보다 각자 이미 서 있는 토대가 자동으로 작동한 결과에 가깝다. 조진웅은 오랜 기간 정치적으로 진보 진영에 우호적인 발언을 해왔고, 이는 그를 지지하는 이들에게 '정의롭고 성찰적인 동지'라는 정서적 서사를 제공해 왔다. 그 결과 논란 이후 일부 진보 진영에서는, 이미 법적 처벌을 마쳤고 오랜 시간 새로운 삶을 살아온 사람의 과거를 지금 꺼내는 것이 과연 정당한가, 이번 보도가 순수한 공익 제보라기보다 정치적 공격의 성격을 띠는 것은 아니냐는 의문이 빠르게 제기되었다. 이 논리는 금세, '갱생한 동지를 보호해야 한다'라는 집단적 정서로 수렴했다.

하지만, 재활과 용서를 말하는 선의가 범죄의 끔찍함과 피해의 무게를 충분히 직면하지 못한 채 작동할 때, 그 선의에 기대고 있던 진영의 윤리적 토대는 생각보다 쉽게 무너진다. '갱생'이 '불편한 질문을 덮는 도구'로 기능하는 순간, 그것은 더 이상 정의의 언어가 아니라, 불의를 정당화하는 장치로 사람들의 정서를 자극하기 때문이다.

아이러니하게도, 조진웅의 과거 범죄 이력을 강하게 비판하는 쪽은 주로 보수 진영과 일부 재래 언론이다. 이들은 중대한 범죄 전력이 있는 인물이 대중 앞에서 활동하는 것 자체가 피해자에게 지속적인 2차 가해가 될 수 있으며, 그런 인물을 문화 산업을 통해 소비하는 것은 사회 정의에 반한다고 주장한다. 흥미로운 점은 이 과정에서 '공적 영역의 윤리적 순결성'과 '피해자 보호'라는 용어가 동원된다는 거다. 이 용어들은 원래 진보 진영에서 능숙하게 활용되는 가치였다. 그런데 도리어 이 사안에서는 진보 진영의 도덕적 결함을 공격하는 정치적 무기로 전용된 것이다. 개인의 범죄 이력 보도가 어느새 정쟁의 재료로 소비되는 것을 넘어, 진영 간 중심 윤리마저 흔들었다.

조진웅의 예명 관련 논란도 개인의 선택이라는 차원을 벗어나서, 그를 둘러싼 집단의 윤리적 태도를 드러내는 지점이다. 비판하는 쪽에서는 그가 본명 대신 아버지의 이름을 사용한 것을 과거의 중범죄를 감추기 위한 위장이라고 주장한다. 다만 이렇게 해석한다면 상식적으로 이해가 안 되는 지점이 따른다. 진정으로 자신의 과거를 숨기려 했다면, 예명이 허용하는 제도적 범위 안에서 성까지 바꾸는 것이 훨씬 효과적인 선택이었을 것이다. 그럼에도 굳이 아버지의 이름을 택했다는 점은, 완전한 은폐보다는 오히려 스스로에게 더 무거운 책임을 부과하려는 선택이었다는 당사자의 주장도 일부 설득력을 얻게 될 것이기 때문이다.

문제는 이 선택 자체보다, 정치진영들이 그 선택을 해석하는
방식이다. 일부 지지자들은 아버지의 이름을 사용했다는 사실이야
말로 참회의 증거가 아니냐고 주장한다. 그러나 참회는 선언이나
상징이 아니라, 지속적으로 검증되어야 할 과정이다. 연예인의 예
명은 책임을 의미하지 않는다. 조진웅 개인의 도덕성보다, 불편한
질문을 서둘러 덮어버리려는 진영의 판단 실패를 주의할 필요가
있다. 이름에 의미를 부여하는 일은 쉽다. 그러나 그 의미가 끝까지
책임으로 작동하게 만드는 일은, 훨씬 더 어려운 윤리의 문제다. 우
리에겐 그 이름이 무엇을 숨겼는지가 아니라, 그 이름 아래에서 어
떤 삶이 지속되어 왔는지를 살펴 함께 묻는 태도가 필요하다.

이 모든 과정에서 가장 큰 이득을 얻었던 건 결국 매체였다. 디
스패치와 같은 온라인 연예 매체는 폭로의 당사자이면서도 유통
을 책임지며, 동시에 이 논쟁의 최대 수혜자가 되었다. 이들의 보
도는 공익적 고발의 형식을 취했지만, 실제로는 대중의 도덕적 분
노와 호기심을 연료 삼아 조회수와 광고 수익을 극대화하는 구조
위에서 작동했다. 물론 내가 특정 매체를 도덕적으로 단죄하려는
건 아니다. 그저 오늘날의 경쟁적인 폭로 저널리즘이 어떤 경제적
토대 위에서 움직이고 있는지를 인식하는 것이 중요하다는 걸 짚
어야 한다는 말이다.

어쨌든 이 복잡한 논쟁에서 내가 끊임없이 두고 싶은 무게의 중심엔 언제나 피해자의 입장이 놓인다. 그러면서도 이 사안에서는, 우리가 그 입장을 충분히 알 수 없다는 사실 또한 인정해야 한다. 청소년 범죄라는 법적 특수성과 30년이라는 시간의 간극 속에서, 피해자가 이 폭로를 통해 무엇을 원하는지, 사법적 판단이나 사회적 논의를 바라는지조차 확인되지 않는다. 그렇기 때문에 이 사안은 섣부른 면죄부도, 즉각적인 사회적 단죄도 모두 경계해야 하는 영역에 놓여 있다. 판단할 수 없을 때 함부로 결론 내리지 않는 태도야말로, 가장 어려운 판단의 영역에 속한다.

이 사안에서 가장 첨예하게 충돌하는 두 문장은 '사람은 변하지 않는다'와 '사람은 변할 수 있다'라는 주장이다. 이를 개인의 삶의 궤적이라는 수직적 맥락과 사회의 안전과 신뢰라는 수평적 맥락에서 함께 살펴볼 필요가 있다. 조진웅이 성인이 된 이후에도 폭행이나 음주 운전 전력이 있다는 점에서, 그의 성향이 근본적으로 변화했는지에 대한 의문에는 일정한 타당성이 있다. 그러나 그렇다고 해서 법적 책임을 다한 범죄자를 사회가 영구적으로 배제할 권리를 갖는 것은 아니다. 공동체의 책임은 처벌 이후에도 재범의 위험을 관리하고, 사회 복귀가 가능하도록 구조를 설계하는 데 있다.

내게 있어서 가장 흥미로운 점은, 과거 중범죄자가 공적 인물로 살아간다는 사실이 오히려 더 강력한 사회적 감시와 통제 속에 놓이는 삶일 수 있다는 점이다. 공인의 삶은 사소한 일탈조차 즉각적으로 노출되고 처벌된다. 이는 은밀하게 재범 가능성을 키울 수 있는 일반 범죄자보다 더 강력한 억제 메커니즘으로 작동할 가능성도 있다. 물론 이것이 면죄부가 될 수는 없다. 다만 '범죄 이력자의 공공 활동은 무조건적 위험'이라는 단순한 등식 역시 재검토할 필요가 있다는 얘기다.

조진웅은 결국 은퇴를 선언했고, 그를 다시 문화 산업에서 보게 될 가능성은 그리 크지 않아 보인다. 하지만, 이 사건이 던지는 질문은 여전히 남는다. 사회는 범죄 전력자에게 무엇을 요구할 수 있는가, 그리고 어디까지를 용서의 범위로 설정할 것인가라는 것이다. 상상하기 어려운 중범죄자를 영원히 사회로부터 격리하는 것도 물론 필요하지만, 건강한 사회가 바라는 것은, 범죄 이력자들이 교화를 통해 재범하지 않는 삶이며, 그것이 가능하다는 사회적 증명을 역사에 새겨가는 일이 아닐까? 이건 특정 연예인 한 사람의 문제가 아니라, 범죄 이후의 삶을 어떻게 설계할 것인지와 연결되는 공동체의 과제이기 때문이다.

좋은 판단을 위한 기술은 분노를 억누르는 디테일이 아니다. 분노가 충분히 이해되는 상황에서도 판단을 유예할 수 있는 용기다. 나 역시 학폭 전력이 있는 연예인의 무책임한 복귀를 원하지 않고, 표절이나 무단 도용같이 부끄러움 없는 성공을 용인하고 싶지 않다. 하지만 그 누구에게도, 피해자가 수긍할 수 있는 수준의 법적·사회적 책임을 다한 이후 타인의 삶을 다시 단죄하고 박탈할 권리는 없다.

이 사건을 통해 우리가 더 깊이 논의해야 할 것은, 누구를 미워할 것인가가 아니라 어떤 사회가 재활을 가능하게 하는가, 그리고 어떤 제도와 정치가 피해자를 실제로 보호하느냐는 질문일 것이다. 그리고 그런 판단은 언제나 불편하다. 그렇지 않다면 그것은 이미 판단이 아니라, 감정의 자동 반사에 불과하기 때문이다.

_______ 좋은 판단을 위한 체크리스트

: 유명인의 범죄 전력 사건을 판단하기 위해
  점검할 질문들

① 기본적 무게 감각

· 유명인의 과거 범죄 사건에서 당시 피해자가 겪은 고통에,

  가해자는 합당한 처벌을 받았는가?

· 범죄 전력을 가진 유명인들이, 대중에게 먼저 과거 이력을

  고백하고 용서를 구해야 하는가?

· 사회로부터 처벌을 받은 유명인의 이후 삶에서,

  감시, 낙인, 갱생, 재활 어떤 것에 무게를 두는가?

② 염치와 양심, 용기

· 유명인 범죄 전력이 사회적 이슈가 될 때,

  우선 당시 피해자의 관점에서 바라볼 수 있는가?

· 내가 해당 유명인이라면, 과거 사건에 대한 문제가 제기될 때,

  어떤 태도를 취해야 할 것인가?

· 나는 부끄러운 과거를, 현재의 삶에서 어떻게 청산하고

  용서받기 위해 노력하고 용기낼 수 있는가?

③ 문화적 준거집단, 토대 인식

· 내가 속한 문화적 준거집단은 범죄 전력 유명인에 대해,

  사안별로 어떻게 반응하는가?

· 유명인을 비난하거나, 옹호하려는 나의 입장은 어떤
사회적, 정치적 진영의 논리에 가까운가?
· 범죄 전력을 인지하기 전, 해당 유명인의 이미지와 서사를
어떤 토대에서 바라보고 있었는가?

④ 근거와 사실들의 수집, 비교

· 나에게 전해진 것들은 확인을 거친 명확한 사실인가,
아니면 소문의 해석과 추론들인가?
· 처음 사안을 접한 이후 다양한 사실과 근거들을 수집,
비교하며 관점의 변화가 있는가?
· 유명인의 범죄 전력 사건에 대해 다양한 매체들을 통해
진실에 접근하고자 노력하고 있는가?

⑤ 선악의 방향성과 여파

· 유명인의 범죄 이력 공개와 사회적 낙인이 당시 범죄 피해자의
회복과 삶에 도움이 되는가?
· 범죄 전력을 가진 유명인이 과거와 절연하고 달라진 삶을
살아가고 있는지 판단할 수 있는가?
· 범죄 전력에 대한 논의와 사회적 비난, 제재는 우리 사회를
더욱 건강하게 할 것인가?

(2) 페미니즘과 사회 갈등

1990년대 초반, 대학교 2학년 교양 수업을 선택하려고 수업 안내 책자를 들여다보고 있었을 때, 꽤 흥미로워 보이는 한 과목이 내 눈에 들어왔다. 그건 바로 '여성학'이었다.

한국 사회에 '여성학'이라는 학문적 조류가 밀물처럼 밀려든 것은 1990년대 초반이었다. 당시 대학가는 권위주의 군사 정권의 시대가 저물고 민주화의 열기가 일상의 영역으로 확산하던 시기였다. 이때 학생들을 새로운 지평으로 안내하는 역할을 담당했던 여성학은 가부장적 유교문화가 당연시하던 여성의 차별적 현실에 의문을 던지고, 사람으로서 누려야 할 동등한 권리를 회복하면서도 동시에 가장이라는 무게와 권위주의에 신음하던 남성을 포함해, 모두를 해방하고자 했던 인문 철학의 성찰로서 선풍적인 인기를 얻었다.

나의 은사이기도 한 조한혜정 교수와 같은 선구자들이 강의실에서 전파한 담론은 파격적이었다. 그들은 일방적 강의 형태가 아니라, 학생들과 수평적으로 대화하고 논의하며, 우리 사회의 비민주적인 구조를 여성주의적 시각으로 해부했다. 당시의 내가 대학 강의에서 받아들였던 여성주의 운동은, 여성의 교육권과 노동권을 확보하고, 성폭력 특별법 제정 등을 통해 여성을 인격적 주체로 세우는 '기본권 회복'에 주력했다. 이는 남성을 타도할 적으로 상정하기보다, 민주주의라는 더 큰 가치를 향해 함께 걸어갈 동료로서 여성의 자리를 찾는 '상생의 페미니즘'이었다.

2000년대에 들어서며 한국 사회는 급속한 경제 발전과 제도적 민주화를 동시에 달성했다. 이 과정에서 여성들의 사회 진출이 눈부시게 확대되었고, 페미니즘은 학술적 담론을 넘어 강력한 정치 운동의 파트너로 부상했다. 여성가족부의 신설, 호주제 폐지 등 역사적인 성과가 뒤따랐으나, 역설적으로 이 시기부터 페미니즘은 '상생'보다 '권력 투쟁'의 성격을 띠기 시작했다.

구조적 차별을 해소하기 위해 도입된 각종 여성 할당제와 우대 정책은 점차 성별 간, 세대 간 갈등의 불씨가 되었다. 초기 여성학이 가부장제의 문화적 모순을 지적하며 인간으로서 누려야 할 보편적 권리 회복을 추구했다면, 21세기 이후의 흐름은 남성 집단 전체를 기득권자로 규정하고, 그들의 기회를 회수하여 여성에게 배분하는 것을 정의라고 여기는 '결과적 평등'에 집착하기 시작했다. 이 과정에서 건강한 비판 정신은 사라지고, 정치적 이해관계에 매몰된 '정치 페미니즘'이 학계와 관료 사회를 장악하며 담론의 경직성을 초래했다.

한국 페미니즘이 대결과 혐오의 늪으로 빠져든 결정적 계기는 2010년대 중반 온라인 커뮤니티 '메갈리아'와 '워마드'의 출현이었다. 이들은 극우 커뮤니티인 '일베'의 여성 혐오에 맞대응한다는 명분으로 "혐오를 혐오로 되돌려준다"라는 이른바 '미러링(Mirroring)'을 전술로 삼았다. 문제는 이 과정에서 발생한 남성 혐오, 특정 종교 모독, 참전 용사 비하, 아동이나 노인 비방 등과 같은 반사회적 행태를 대하는 여성학계와 지도층의 태도였다.

당시 권김현영을 비롯한 일부 영향력 있는 여성학자들은 메갈리아를 "페미니즘 대중화의 전략적 거점"이라고 명명하며 옹호했다. 그들은 혐오의 방식이 아닌 '동기의 정당성'에 주목해야 한다면서, 기득권인 남성이 여성을 혐오하는 것은 '압박'이지만, 약자인 여성이 남성을 혐오하는 것은 '저항'이라는, 이른바 '기울어진 운동장' 이론을 전면에 내세운 것이다. 손희정 평론가는 이를 '약자의 유희'이자 '언어적 전복'이라는 용어로 옹호했고, 윤지선 교수는 논문을 통해 "한국 남성들은 여성 혐오적 괴물(한남충)로 길러진다"라는 논리를 학술지에 실어 집단 혐오 주장에 이론적 토대를 제공한다는 해석을 낳았다.

이러한 학계의 지지는 공공기관의 비합리적 행정과도 맞물렸다. 나윤경 전 한국양성평등교육진흥원장은 기관 공식 영상에서 "남성들은 스스로 가해자가 아님을 증명(알리바이를 입증)해야 하는 위치에 있다"라고 선언했다. 이는 교육을 위한 강의라는 형식을 취했지만, 그 논리는 '죄가 입증되기 전까지는 무죄'라는 근대 사법의 기본 원칙과 정면으로 충돌했다. 일부 여성 지도층이 혐오의 언어에 '저항'이라는 이름을 붙여 주고, 남성 전체를 '잠재적 가해자'로 규정하자, 교육 현장에도 강한 파급력이 일어났다. 일부 대학 현장에서는 여학생 선배들이 신입생들에게 자신의 아버지나 형제조차 '잠재적 범죄자'나 '기득권의 부역자'로 설정해 혐오하도록 가르치는 비정상적인 비타협적 페미니즘이라는 현상이 독초처럼 생겨나기 시작했다.

2024년 11월 동덕여대에서 발생한 폭력 사태는 그간 꾸준히 배양되어왔던 비타협적 페미니즘의 대표적인 사례로 손꼽을만하다. 학교와 학생 간 공학 전환 논의가 본격화하기도 전에, 민주적 토론을 통한 의사전달 대신 학교 시설을 훼손하고 폭력적으로 학내를 점거한 행위는, 학생들이 자신들의 뜻에 반하는 상대를, 설득의 대상이 아닌 '타도할 기득권'으로만 보도록 만든 비타협적 페미니즘의 파괴적 속성을 여과 없이 드러낸 것이었다.

타협을 허용하지 않는 편향된 논리는, 학계와 행정 영역뿐 아니라 사법부의 판결문에도 스며들어 증거 재판주의의 근간을 흔들기 시작했다. 그 서막은 2018년 대법원이 판례를 통해 성희롱 재판에 적극적으로 원용하기 시작한 '성인지 감수성'이라는 개념이었다. 본래 성차별적 구조를 이해하자는 취지로 제안된 이 용어는, 실제 재판 현장에서 "피해자의 진술에 일부 모순이 있더라도 피해자라면 그럴 수 있다"라는 마법 같은 정서 공감 논리의 근거가 됐고, 결국엔 재판에서 객관적 물증보다 피해자의 주관적 '인상'과 '진술의 일관성'에 더 무게를 두는 선고라는 큰 흐름을 낳았다.

그 비극적인 비합리는 고(故) 박원순 전 서울시장 사건에 대한 국가인권위원회의 결정에서 찾아볼 수 있다. 피고소인이 사망하여 물리적으로 반론권이 소멸한 상황이었음에도 불구하고, 인권위는 한쪽 편의 주장과 파편적인 메시지 정황만으로 고인에게 '성희롱범'이라는 낙인을 찍었다. 당시 사실관계의 엄밀한 확인보다 여성계의 정치적 압력에 부응한 '정치적 판결'이라는 비판이 일었지만, 이 결정은 이후 유사한 사건 들에서 증거 재판주의를 무력화하는 전조가 되었다. '곰탕집 성추행 사건'이 대표적이다.

'곰탕집 성추행 사건'은 현대 한국 사법 체계에서 증거 재판주의와 '성인지 감수성'이 정면으로 충돌하며 사법부에 대한 신뢰를 크게 흔들었던 변곡점이다. 2017년 대전의 한 식당에서 발생한 이 사건의 핵심은 1.3초라는 찰나의 순간이었다. 당시 피고인 남성은 식당 통로를 지나가던 중 옆에 있던 여성의 신체를 만졌다는 혐의로 기소되었다. 논란의 중심은 CCTV 영상이었다. 영상 속에서 남성이 여성을 향해 몸을 돌리는 듯한 장면은 확인되나, 정작 신체 접촉이 일어났다는 지점은 신발장에 가려져 물증으로서의 명확한 가치를 상실한 상태였다.

사건의 파장은 2018년 9월, 1심 재판부가 검찰의 벌금형 구형보다 무거운 징역 6개월의 실형을 선고하고 피고인을 그 자리에서 법정 구속하면서 퍼져나가기 시작했다. 재판부가 내세운 유죄의 결정적 근거는 "피해자의 진술이 일관되고 구체적이며, 내용이 자연스럽다"라는 것이었다. 이는 형사 재판의 대원칙인 '의심스러울 때는 피고인의 이익으로'라는 금언보다, 한쪽의 주관적 '감수성'에 압도적인 법적 권위를 부여한 결과였다. 더욱이 피고인이 결백을 주장하는 당연한 방어권 행사마저 재판부는, '반성하지 않는 태도'로 규정해 실형의 근거로 삼았다.

이 판결 직후 피고인의 아내가 올린 국민 청원은 불과 수일 만에 33만 명 이상의 동의를 얻으며 폭발적인 사회적 공분을 일으켰다. 남성들은 "찰나의 스침조차 여성이 지목하면 물증 없이도 감옥에 갈 수 있다"라는 실존적 공포를 호소하게 되었다. 하지만, 이러한 거센 비판과 논란 속에서도 사법부의 기류는 바뀌지 않았다. 2019년 대법원은 "피해자의 진술이 허위라고 볼만한 동기가 없다"라며 원심을 확정했다.

이 사건은 사법부가 실체적 진실을 탐구하는 이성의 보루가 아닌, 특정 이데올로기의 기계적 심판관으로 전락했음을 상징하는 비극적 기록으로 남게 되었다. 또한 극히 일부의 사례이더라도 피해자를 자처하는 목소리만 받아들이는 법정에서라면, 합리적 이성과 증거 재판주의가 아니라 '성인지 감수성'이 피고인의 방어권을 질식시킬 수 있음을 보여주는 뼈아픈 사례로 남게 되었다. 이러한 사법적 비합리성은 남녀 간의 갈등을 봉합하기는커녕, 서로를 잠재적 적대자로 여기게 만드는 사회적 분열의 핵심 기제가 되고 말았다. 이 흐름을 문제 삼는 이유는, 여성의 권리가 확장되었기 때문이 아니라, 판단의 기준이 '증거'에서 '정체성'으로 이동했기 때문이다.

우리는 갈등을 양분 삼아 세력을 확장하는 '대결적 페미니즘'과 결별해야 한다. 여성을 일방적인 피해자로, 남성을 잠재적 가해자로 상정하는 이분법적 구도는 결코 지속 가능한 사회를 만들 수 없다. 구조적으로 여성이 신체적 약자로서 범죄의 표적이 되기 쉽다는 점은 분명히 경계하고, 보완해야 할 지점이지만, 그것이 곧 남성 전체에 대한 원죄 부여나 일방적인 권리 박탈로 이어져서는 안 된다.

진정으로 건강한 페미니즘은 남성의 파이를 빼앗아 여성에게 주는 것이 아니라, 남성과 여성이 서로의 차이를 인정하면서도 공정한 기회 속에서 상생하는 철학이 되어야 한다. 이를 위해 여성 지도층과 학계는 급진적 혐오 세력과의 단절을 선언하고, 보편적 인권이라는 본래의 가치로 회귀해야 한다. 사법과 행정 기관 역시 감정적인 호소나 정치적 압력에서 벗어나, 철저한 증거와 합리적 이성에 기반한 판단을 회복해야 한다.

이 글은 여성의 고통을 부정하려는 게 아니다. 다만 그 고통에 대한 공감의 무게로 표현된, '정체성'이 유일한 판단의 잣대가 되는 순간, 사회가 어떤 방식으로 붕괴하는지 기록하려는 시도일 뿐이다. 남성과 여성이 서로를 잠재적 적대자로 규정하는 한, 그 어떤 정의의 언어도 갈등을 봉합하지 못한다. 삶의 무게를 함께 짊어지는 동반자로 서로를 인식할 때만, 성별 갈등은 정치적 자원이 아니라 함께 극복해야 할 사회적 과제가 된다.

성평등의 완성은 어느 한 성별의 승리가 아니라, 성별이라는 범주가 개인의 가능성과 존엄을 선별하는 기준으로 작동하지 않는 사회에 있다. 타자를 제거의 대상으로 상정하는 악의 방향이 아니라, 불완전한 존재들이 협력의 길을 선택하는 것. 그것이 내가 청년 시절 처음 만났던 여성학이 지향하던 윤리였고, 지금 우리가 다시 회복해야 할 성숙한 판단의 기준이라고 나는 믿는다.

 **좋은 판단을 위한 체크리스트**

: 페미니즘과 사회 갈등을 판단하기 위해
 점검할 질문들

① 기본적 무게 감각

· 나는 기본적으로 여성과 남성 뿐 아니라 다양한 이유로 벌어지는
 사회적 차별에 대해 민감한가?

· 여성과 남성의 생물학적, 사회적 차이와 그에 따른 역할의 차이에
 대해 어떤 입장을 갖고 있는가?

· 차별과 고통을 느끼는 피해자들만큼, 억울한 상황에 처한 사람들의
 목소리에도 귀를 기울이는가?

② 염치와 양심

· 현재 내가 속한 성별이 우리 사회에서 부당한 차별을 일상적으로 겪고
 있다고 느낀적 있는가?

· 특정한 성별에 대해 가진 편견을 사회적 사안에 적용하며, 고정관념을
 강화하지 않았는가?

· 차별과 관련된 이슈에서 내가 내리는 판단과 주장에 대해 나는 언제나
 당당하고 떳떳한가?

③ 문화적 준거집단, 토대 인식

· 나는 내가 속한 성별의 집단적 정서에 찬성하는 편인가, 불만을 갖고
 반대하는 편인가?

· 자신의 성별과 상관없이, 소수자 혹은 사회적 약자라면 무조건

  피해자라는 입장을 갖고 있는가?

· 내 판단에 영향을 주는 문화적 준거집단은 다른 생각을 가진

  사람들과의 대화를 권하는가, 막는가?

④ 근거와 사실들의 수집, 비교

· 우리 사회에서 내가 직접적으로 성별을 기준으로 차별이나 피해를

  겪었던 경험이 있는가?

· 성적 차별과 관련된 이슈를 접하면, 우선 감정적 판단을 하는가,

  사실과 근거를 모으는가?

· 곰탕집 성추행 사건에서 여성과 남성이 바뀐다면, 재판부는 동일한

  판단을 할 것인가?

⑤ 선악의 방향성과 여파

· 페미니즘과 사회 갈등 이슈에서 공존보다는 상대 성별의 회복

  불가능한 피해를 지향하는가?

· 특정 성별이 항상 가해자와 피해자로 구조화된다는 주장이 건강한

  페미니즘이라 생각하는가?

· 특정 성별이기 때문에, 객관적인 증거 없이 유죄판결을 받는다면,

  그의 삶은 누가 책임질것인가?

· 갈등을 지향하는 페미니즘은 나의 세계관, 그리고 미래 세대의 삶에

  어떤 영향을 미칠 것인가?

(3) 청담동 술자리 의혹 사건과 재판

2000년대 초반, '모두가 Yes라고 할 때, No 할 수 있어야 한다'
는 광고 카피로 화제가 되었던 한 증권사 광고가 있었다. 검은 색
정장을 입은 회사원들이 손가락으로 동그라미를 그리며 한 목소
리로 '예!'라고 외치자, 한가운데 돌아서 있던 광고 모델이 '아니
오!'하며, 손가락을 흔드는 모습은, 당시로서는 매우 신선하고 파
격적이었다. 불과 몇 년 뒤에 더 큰 금융사와 합병해 지금은 이름
이 사라진 기업의 슬로건이 됐지만, IMF 사태 이후 달라진 금융 환
경 속에서, 고객을 위해 진실한 판단을 제공하겠다는 '소신'을 강
조해 많은 사람에게 인상적인 광고로 남았다.

우리의 판단도 숫자나 다수의 흐름에 매몰되어서는 안 된다.
모두가 예스라고 할 때, '노!'는 아니더라도 "정말 그럴까?"라는
합리적인 의혹의 단초가 있다면 예스를 유보할 수 있어야 한다. 그
리고 그것이 특히 권력관계에서의 일방성이 확연한 사건, 특히 광
범위한 정보 통제와 차단, 심지어 왜곡의 여지가 있는 사안일수록
우리는 더욱 섬세할 필요가 있다.

그래서 지금 다루려고 하는 주제는 개인적으로 매우 조심스럽다. 왜냐하면, 이 책의 완전한 탈고를 앞두었던 2026년 1월 말까지도, 대다수의 언론이나 여론 지형은, 이 사건에 대해 사실상 하나의 결론을 내려버린 상태이기 때문이다. 정치적으로 진보 진영에 속한다고 하는 사람들조차 이 사건에 대한 의혹 제기는 '섣부른' 것이며, 관계자들이 '잘못한 것이 맞다'라고 전제하고 있다.

나무위키에서는 이 사건의 제목을 아예 "김의겸의 청담동 술자리 허위 의혹 제기 사건"으로 규정하고, '기초적인 인과관계조차 갖추지 못했다는 점에서 정치인의 기본 소양과 유튜브의 유사 언론의 문제점을 그대로 노출했으며, 단순한 가짜 뉴스 해프닝보다는 정치적인 목적을 갖춘 선동에 가까웠다'라는 결론 아래, 의혹을 제기한 국회의원과 매체의 문제점을 조목조목 나열한다. 논리적으로 볼 때, 이 서술에 명백한 오류가 있다고 말하기는 어렵다.

하지만, 나는 여기서 다른 질문을 던지고 싶었다. 이 사건에 대해 아무 사전 지식이 없는 사람이 정보를 찾기 위해 비교적 체계적으로 정리된, 해당 페이지에 접근한다면, 그는 어떤 결론을 얻고 돌아가게 될 것인가에 대한 문제이다. 물론 의혹을 제기한 사람들의 주장을 더 신뢰한다거나, 그들의 주장이 도리어 진실이라고 말하려는 것은 아니다. 다만, 이 사건의 의혹 제기자들이 갖는 치명적인 약점이, 증거를 확인하고 수사할 자원이나 권력으로부터 완벽하게 차단되어 있었다는 점을 짚어보고 싶은 것이다.

이 이슈는 당시 거대 야당의 대변인으로서 국회의원이라는 신분을 가진 사람이 공적으로 제기할 의혹으로는 증거가 너무 조악하고 빈약했던 것이 사실이다. 그러나, 처음 의혹을 제기한 인터넷 탐사보도 매체가 권력의 정점에 있는 사람들의 수상한 행적에 대한 질문을 던지는 것 자체를 '범죄' 또는 '정치선동'이라고만 치부할 수 있을까? 수사권을 가진 검찰이나 경찰과 달리, 언론이나 시민은 모든 증거를 완벽하게 확보할 수 있는 방법은 사실상 없다. 그러므로, 문제는 의혹 제기 그 자체가 아니라 의혹을 둘러싼 정보 접근의 조건에 있음을 염두에 두어야 한다. 바로 그 지점에서 '정보 비대칭'이라는 문제가 등장한다.

2022년 10월 24일, 국회 법제사법위원회 국정감사장은 한 의원의 질의 시간 이후 터질듯한 긴장감에 휩싸였다. 김의겸 의원이 제기한 '청담동 술자리 의혹'은 그 파급력의 크기만큼이나 한국 정치사의 거대한 폭풍을 예고하고 있었다. 의혹의 내용은 단순했다. 2022년 7월 19일 심야부터 이튿날 새벽까지, 윤석열 대통령과

한동훈 법무부 장관이 서울 강남구 청담동의 한 고급 바에서 초대형 로펌 소속 변호사 30여 명과 술자리를 가졌다는 것이다.

이 이슈는 결코 가볍지 않았다. 국가 권력을 위임받은 자들이 민간 변호사들과 사적 공간에서 만났다는 점은 '유착'의 문제를, 그리고 평일 심야에 벌인 술 파티는 '직무 유기'라는 윤리 문제를 동시에 제기했다. 당시 윤석열 정권은 공정과 법치를 내세워 출범한 지 겨우 5개월 남짓한 시기였기에, 법을 집행하는 자와 법을 이용하는 자들의 이러한 조우는 그 자체로 법률 짬짜미 의혹을 불러올 충분한 파괴력을 갖고 있었다. 이 사안을 집중 취재했던 인터넷 탐사 언론사는 당시 술자리에 참석했다는 한 첼리스트의 증언과 남자 친구와 나눈 녹취록 등의 정황 자료에 주목했고, 스스로 권력 감시라는 언론의 본령을 수행한다는 사명감을 갖고 있었다.

하지만, 집권 세력은 통상적인 해명을 넘어선 '분노와 비방'으로 반응했다. 한동훈 당시 법무부 장관은 국회에 나와, "직을 걸겠다" 말하며, 의혹 제기 자체를 범죄로 규정했고, 윤석열 대통령은 도어스테핑(출근길 문답)에서 "저급하고 유치한 가짜 뉴스 선동"이라며 노골적인 불쾌감을 드러냈다. 마치 역린을 건드린 것과 같은 정권의 이러한 과민 반응은 역설적으로 대중의 의구심을 더 증폭시켰다. 이후 용산 대통령실 1층 로비에는 육중한 가벽이 세워졌고, 정부 초기 소통의 상징으로 추앙받던 도어스테핑은 영구적으로 중단되었다. 탐사보도를 진행했던 인터넷 언론사는 '가짜 뉴스의 숙주'로 낙인찍혔으며, 전방위적 압수수색과 고소·고발을 당했다. 권력자들은 자기들에게 불리한 의혹이야말로, '국기 문란'이라고 치부하며 관계된 정보를 철저히 통제했다. 정보의 비대칭이라는 견고한 성벽 뒤에서 시민들은 권력이 승인한 진실만을 수용하도록 강요받는 상황에 처했음을 더시 한 번 확인하게 된 것이다.

더 심각한 문제는 언론이었다. 당시 지상파나, 종합일간지, 통신사 등 제도권의 기존 언론 중 청담동 술자리 의혹을 '전면 보도'한 곳은 거의 없었고, 대부분 "야당과 유튜브 매체가 이런 의혹을 제기했다"라는 전달·인용 보도 수준에 머물렀다. 정치권력에 대한 감시보다는 눈치를 보며 이익을 좇는 변화된 언론 지형이 철저하게 작동했다. 그 결과 모든 사법적 리스크는 작은 인터넷 탐사보도 업체 한곳에 집중되었고, 이들에게 가해진 검찰의 강압적인 압수수색, 전방위 고소 고발 사건들은 의혹의 진위와는 별도로, 비제도권 탐사 매체나 개인들을 간접적으로 옥죄는 구조로서 기능했다.

사건이 사법의 영역으로 옮겨갔을 때, 정보 독점의 힘은 더욱 위력적으로 작용했다. 한동훈 전 장관이 제기한 민형사 소송 과정에서, 피고인들은 자신들의 주장을 입증할 객관적인 자료에 접근할 수 없었다. 법무부는 장관의 기본적인 근무 기록 공개조차 국가 안보와 사생활 보호라는 명목으로 거부했다. 이러한 '정보 비대칭' 상황에서 2025년 8월, 민사 1심 재판부는 술자리 의혹을 '허위'라고 판단했다.

여기서 우리는 이 선고에 대해, 모든 진실이 밝혀진 결과라고 단정지어서는 안 된다. 왜냐하면, 이 재판의 거의 모든 근거는 권력이 허용한 테두리 내에서만 접근할 수 있는 정보였고, 그것도 첼리스트 A씨의 진술 번복과 수사 기관이 제시한 파편적인 위치 정보들 같은 빈약한 것들에 불과했기 때문이었다. 권력의 정점에 있는 인물들이 개입된 사건에서, 힘없는 민간 증인이 감당해야 했을 심리적 압박, 그리고 수사 기관이나 확보할 수 있는 성질의 정보 부재는 진실의 접근을 차단하는 두터운 베일이었다.

하지만 내란 사태와 탄핵, 새로운 선거를 겪으며, 권력의 소비기한이 생각보다 급격히 단축되면서, '술자리 의혹 관련' 사건은 새로운 정보에 접근할 수 있게 되었다. 2025년 하반기 정권 교체 이후, 굳게 닫혀 있던 법무부의 정보 공개 문턱이 낮아지면서 그동안 피고인들의 끈질긴 요청에도 공개가 거부되어 왔던 법무부 내부 문서가 마침내 세상 밖으로 나온 것이다. 그중 가장 충격적인 정보는, 의혹 당일 수행원들의 '14시간 초과근무 기록'이었다.

"(의혹이 제기된 날) 일찍 귀가했다"라는 한 전 장관의 기존 주장과 달리, 수행비서와 운전기사가 새벽까지 장관을 수행하며 근무했다는 공식 기록의 존재는 기존 판결의 알리바이를 근본부터 뒤흔들 수 있는 것이었다. 장관이 집에 있었다면 왜 수행원들이 심야까지 근무해야 했는가? 이 단순하고도 명확한 질문은 그동안 권력이 일방적으로 '보여준' 진실의 범위가 얼마나 제한적인지를 드러낸다. 새로운 진실이 나타난 게 아니다. 진실을 파악하기 위한 필요한 정보에 접근할 수 있는 기회가 열린 것이었다.

더욱이 민간인 증인의 휴대전화에서 발견된 위치 데이터 역시 심각한 모순을 드러냈다. 휴대전화 내비게이션의 디지털 기록대로라면, 해당 증인이 시속 588km라는 비현실적인 속도로 이동했고, 1분 사이에 물리적으로 불가능한 9개 도시에 존재하는 등 현실에서 불가능한 일을 겪었던 게 된다. 이것은 누군가 인위적으로 데이터를 가공했거나, 혹은 진실을 덮기 위해 부실한 수사 결과를 짜맞춘 것은 아닌지라는 새로운 의혹을 뒷받침하게 되었다. 이제 이 재판은 단순한 명예훼손 여부를 넘어, 국가 권력이 사법 시스템을 이용해 어떻게 진실을 은폐하려 했는지를 규명할 '국가 폭력'의 검증대로 변모할 가능성을 품게 되었다.

나는 '의혹이 잘못됐다'라거나, '의혹은 사실이었다'라는 식의 단정을 지으려는 게 아니다. 다만, 좋은 판단을 하기 위해 우리가 살펴야 할 지점들, 고려해야 할 사회적, 역사적 맥락들이 생각보다 훨씬 크다는 것을 말하고 싶다. 진실은 권력의 일방적인 주장이나, 법정에서 이뤄지는 기술적인 공방 속에 갇혀 있을 수 없다. 민주주의 사회에서 진실을 밝히는 유일한 열쇠는 모든 정보와 자료가 선명하고 투명하게 공유되는 '정보의 정의'에 있다.

권력이 정보를 독점하고, 비대칭의 우위를 일방적으로 누릴 때, 그것은 힘없는 시민 그 누구도 속수무책으로 당할 수밖에 없는 '폭력'이 된다. 불의한 권력에 저항하고 감시하는 언론의 역할은 국가를 위해서뿐만 아니라, 개인으로서 각자가 자신을 지키기 위해 소중하고 필수적이다. 이 사건은 어떤 개인들의 일탈 여부를 가리는 소모적인 논쟁이 아니며, 권력 최상층부가 정보 독점을 통해 어느 수준까지 진실을 왜곡할 수 있는지를 보여줄 수 있는 역사적 사례가 될 것이다.

앞으로 남아있는 재판의 결과가 어떻게 나올지, 아무도 확신할 수 없겠지만 결국 진실을 밝히려는 노력은 '과정의 투명성'과 합리적 인과관계를 어떤 방향으로 따져보는지에 달려 있다. 악의 방향으로 폭주하는 권력이 발견되었을 때, 그에 대해 용기 있는 저항의 목소리를 내는 언론이 우리 사회에 얼마나 필요한지 생각해 보자. 언젠가 진실이 만천하에 드러났을 때, 다수의 국민들에게 선한 결과를 가져올 것인지 소수의 권력자만 행복할 것인지 살피고, 가능한 모든 진실과 정보에 접근하려는 태도가 좋은 판단의 핵심이다. 질문하기를 멈추지 말아야 하는 이유가 거기 있다.

 **______ 좋은 판단을 위한 체크리스트**

: 최고 권력자들에 대한 의혹 제기 사건을 판단하기 위해
  점검할 질문들

① 기본적 무게 감각

· 최고 권력자들의 삶은 일반 시민에 비해 더 '도덕적'이고, '공정'해야
  한다고 생각하는가?

· 의혹 제기, 또는 어떤 의혹도 제기하지 않을 때 피해를 입는 시민
  또는 권력자, 무엇이 더 중한가?

· 소규모 언론사나 일반인들의 의혹 제기 능력에 비해, 권력자들의
  방어적 입장이 더 유리한가?

② 염치와 양심

· 최고 권력자들의 부적절한 처신에 대한 의혹을 제기하는 건
  어떤 삶의 태도에서 비롯하는가?

· 권력자들이 어떤 사안에 대한 취재나 증언을 거부 또는 왜곡하도록
  압박할 때, 물리칠 수 있는가?

· 우리 사회 권력자들의 행동이 자신의 개인적 영달을 위하는가,
  시민의 삶이 나아지도록 하는 것인가?

③ 문화적 준거집단, 토대 인식

· 내가 속한 문화적 준거집단은 권력자들의 처신에 대한 의혹제기를
  지지하는가, 반박하는가?

· 청담동 술자리 의혹제기 사건에 대해 내가 지지하는 정치 진영은
어떤 입장에서 사안을 바라보는가?

· 내가 지지하는 정치, 사회 진영은, 반대 생각을 가진 사람들과의
토론을 반기는가, 회피하는가?

④ 근거와 사실들의 수집, 비교

· 권력자들에게 제기된 의혹은 사실에 근거한 것인가, 아니면
막연한 전언과 조악한 증거 수준이었는가?

· 권력층에게 의혹이 제기된 이슈에서, 진실과 증거가 어떻게
처리되는지 관심을 갖고 살펴보는가?

· 한 전 법무장관 수행기사 근무일지같은 새로운 증거가 나타나면,
판단을 수정하는가, 고수하는가?

· 미국에서 권력자의 부적절한 처신에 대한 증거를 고의로 숨겼다는
얘기가 있다. 어떻게 보는가?

⑤ 선악의 방향성과 여파

· 권력자들의 내로남불에 대해, 지지하는 진영과 상관없이 공정한
저울 위에 올려 놓을 수 있는가?

· 정치 지도자의 부적절한 처신 또는 일탈이 우리 사회와 국가에
어떤 영향을 미칠것인지 생각하는가?

· 최고 권력자의 부담스런 국내 이슈를 돌리기 위해, 전쟁같은 대량
살상을 일으키는 경우도 있을까?

(4) 이혜훈 전 의원 장관 지명 논란

벌어지고 있는 일들의 한가운데에서 완벽하게 지혜로운 판단을 한다는 건 사실상 불가능하다. 우리가 숲의 가장 안쪽에서, 숲 전체의 지형을 파악할 수 없는 것과 마찬가지이다. 현재 내가 위치한 지리 정보를 보완하기 위해서 위성이나 항공 사진, 드론 촬영 데이터 같은 것들은 중요하다. 그리고 무엇보다 시계열(Time-series) 자료를 확보해 과거와 현재의 지형을 비교하면, 가까운 미래에 대한 비교적 정확한 추론 역시 가능해진다. 현재를 살아가는 우리가 '역사'를 공부해야 하는 이유가 바로 여기에 있다. 역사는 그것을 잊은 이에게든, 또렷이 기억하는 이에게든 같은 패턴으로 반복된다. 그래서 지금 우리가 어떤 판단을 내리고 있는지, 그것이 옳은 판단인지 아닌지를 따지는 데 있어 역사는 가장 정직한 거울이 된다.

불시에 일어난 계엄과 내란 사태의 파고를 딛고 출범한 이재명 정부도, 역사라는 거울 앞에서 조심스럽게 스스로를 살피지 못한다면, 불행한 결과를 초래했던 이전 정부의 과오를 되풀이할 수 있다. 특히 같은 민주당 정권이었던 문재인 정부가 윤석열이라는 괴물에게 권력을 이양하는 도구로 전락했던 과거라는 거울이 있음을 기억해야 한다. 대통령이 가진 가장 중요하고, 강력한 권력은 '인사'이며, 그 성패가 결국 정부 전체의 성패에 직결된다. 그래서, 정권 초기에 이뤄지는 주요 기관장 인사는 가까운 미래를 가늠하게 할 시금석이다.

이 글에서는 이재명 대통령이 야당 인사인 이혜훈 씨를 기획예산처 초대 장관으로 지명한 사례를 '판단 기술'이라는 관점에서 다루고자 한다. 그녀가 결국 장관이 되었는지, 혹은 낙마했는지는 여기서 중요한 문제가 아니다. 대통령을 지지하는 세력 내부에서도 해당 인사에 대한 격렬한 논란이 벌어졌다는 사실 자체가 중요하다. 특히, 여권 지지층에 큰 영향력을 미치는 겸손방송국 김어준 공장장이 보여준 말과 태도는 매우 인상적이었다. 이 글에서는 그의 판단이 어떤 관점에서 의미가 있고, 또 어떤 관점에서 좋은 판단이라고 동의할 수 없는 지점을 가졌는지, 또 우리가 이 논쟁을 어떻게 바라보는 것이 합리적일지 생각해 보려고 한다.

이재명 정부가 기획재정부를 기획예산처와 재정경제부로 이원화하고, 기획예산처 장관 후보자로 야당인 국민의힘 3선 의원 출신 이혜훈을 지명하자 정치권은 극도로 정서적인 반응을 보였

다. 그야말로 파격적인 '탕평'의 모습을 한 대통령의 인사는, 적대
적 공생 관계에 익숙했던 여야 정치 진영 모두에게 상당한 충격
이었다. 이 후보의 친정 국민의힘은 배신감에 휩싸여 분노를 쏟아
냈고, 당 지도부는 긴급 최고위원회의를 열어 그녀를 전격적으로
'제명'했다. 지방선거를 6개월 앞두고 당의 중진 인사가 상대 진
영 행정부에 입각하는 게 그들에겐 용납할 수 없는 일이었다. 모양
새의 우스꽝스러움은 차치하고라도 내란을 저지른 전임 대통령을
극진히 감싸던 이들이 한솥밥을 먹은 전직 의원이 행정부처의 장
으로 가는 게 얼마나 싫었는지, 갖가지 자료를 가져다가 그녀가 왜
문제 있는 인사인지 비난하는 모습은 아이러니였다.

하지만 판단 기술이라는 책의 관점에서 주목하고 싶은 지점은
야당의 반응이 아니다. 흔히 여권이라고 하는, 여당을 포함한 전반
적인 대통령 지지 세력 내부에서 이혜훈 지명을 두고 찬반이 갈려
뜨겁게 달아올랐다. 여당 내 진보 성향 의원들과 핵심 지지층 사이
에서 이 후보의 전력과 성향을 문제 삼으며, 대통령의 탕평에 대한
의지는 이해할 수 있으나 국가 예산을 기획하는 부처의 수장으로
적절한 인물인지 강한 의문이 제기되었다. 이 시점에서 김어준 공
장장은 이렇게 말했다.

"입장은 마음이 정합니다. 논리는 그 뒤에 동원될 뿐이죠."

그는 이어서 이렇게 설명한다. 이해하려고 하느냐? 문제 삼으려고 드느냐? 어떤 입장에 서느냐? 가 후속 논리를 만들어내는 거예요. 논리가 먼저 있고, 그 논리에 따른 입장이 나온다고 생각하겠지만, 대부분은 거꾸로입니다. 입장이 있고, 논리가 뒤따라요. 그럼, 입장은 어떻게 정하는 거지? 마음이 정합니다! 마음이 한쪽으로 기울면, 설 자리가 정해지죠. 그래서, 입장이 그렇게 서면 그 입장을 정당화 하느라고 그제야 논리가 동원되곤 합니다. 그러면 그 다음 질문, 마음을 어떻게 먹는 거지? 사람마다 다르겠죠. 제 마음을 예로 들어볼게요. 저는 이재명 대통령의 결정에 대해서 항상 같은 마음을 먹는데, "그의 결정이 결과적으로 옳은 결정이 되도록 내가 할 수 있는 일을 해야겠다."

대통령의 이 후보 지명에 대해 강력한 지지를 천명한 셈인데, 내용을 살펴보면 아이러니하게도 이 책에서 일관되게 이야기해 왔던, 준거집단이 지향하는 태도를 비판 없이 수용해서는 안 된다는 것과 정면충돌하고 있다. 물론, 이 책의 초반부 내용들, 감성이 이성을 이끈다든지 준거집단이 무의식을 지배한다든지 하는 사실을 그가 너무 잘 알고 있기에 할 수 있는 말들이기도 하다.

누군가를 믿기로 했으면, 그의 결정이 결과적으로 옳은 것이 되도록, 과정에 나타나는 걸림돌들을 치우기 위해 자신이 할 수 있는 일을 하겠다는 그의 말은, 봉건시대 주군을 위해 되묻지 않고 명을 수행했던 충성스러운 가신의 태도와 닮았다.

또한 동시에 '비판적 지지'라는 이름으로 세부적인 정책 판단에 문제를 제기하는 일부 진보 진영 인사들에 대한 뭉뚱그린 비판이 담겨있기도 하다. 그가 대통령을 믿기로 한 건, 한두 차례의 만남을 통해 감화되거나 추상적인 호감의 차원이 아니다. 오랜 세월 정치 평론과 시사 해설을 통해 관찰하고 겪은, 한 정치인의 일생과 그의 사람됨에 대해 보내는 결단 어린 신뢰에 가깝다. 그것을 이해하는 나로서도, 자신을 일생 괴롭혀 왔던 진영 출신이자, 늘 자신을 공격하며 살아왔던 한 정치인을 자기 내각의 주요 인물로 지명한 대통령의 치열한 고심의 프로세스와, '모든 것은 국익을 최우선으로'라는 입장을 최대한 지켜주고 싶은 김어준 공장장의 마음을 이해하지 못하는 바가 아니다.

그럼에도 불구하고, 대통령의 판단이 결과적으로 옳은 판단이 되도록 돕는 일은, 세부적인 개별 결정 전체를 '무비판'이라는 방식으로 수용하고 지지하는 것으로는 결코 이뤄질 수 없다. 만약 본인이 청와대의 홍보 수석이라면 대통령이 어떤 인사권을 행사하든, 정책 지시를 하든, 최선을 다해 그 결정의 배경과 진의를 설명하고 지지층과 반대 세력들에게 이해를 구하려고 하는 것이 마땅한 임무일 것이다. 하지만, 자의든 타의든 '영향력 있는 언론인' 조사에서 항상 상위권에 있는 정치평론가이자 시사 해설가에게는 다른 태도가 필요하다.

비난과 비판은 본질적으로 다르다. 내가 지지하는 정부가 좋은 결정을 내릴 수 있도록, 우리 정치사에 등장했던 유사한 사례들이 어떤 결과를 가져왔는지 제시하며, 더욱 나은 결정을 내리도록 돕는 역할이 필요하다. 대통령의 인사권은 특히 중도적 시민들의 신뢰와 직결되는 사안이기 때문이다.

일례로, 나는 문재인 정부에서 자녀 교육을 위해 위장 전입을 했던 인사를 교육부 장관에 임명한다든가, 부동산 정책에 문외한에 가까운 국토교통부 장관을 오래도록 방치하는 것을 보고 몹시 실망했다. 재정 상태가 안 좋다며, 전국민 재난지원금 지급을 끝까지 거부했다가 정권이 바뀌자마자 윤석열 정부에는 세수 초과액이 50조가 넘는다고 보고한 경제부총리는 또 어떠한가. 결정적으로, 검찰 개혁에 대한 말을 뒤집고 조국과 그의 가족을 표적 수사

했던 검찰 총장을 방치해, 결국 내란을 저지른 대통령 탄생에 일조한 사례 등 비극적인 인사 실패는 문재인 정부가 결단코 성공한 정부라고 볼 수 없다는 방증이 된다.

그러므로 행정부에 몸 담은 직속 부하로서가 아니라, 한 발 떨어져 국민의 여론과 역사를 동시에 점검하며 최선의 조언과 분석, 때로는 불편한 비판의 목소리까지 던져주는 것이 언론의 책임인 것이다. 물론 겸손 방송국이 윤석열 정부에서 재래 언론이 갔던 길과 비슷한 방식을 답습할 리는 없다고 생각하지만, 비판적 지지는 '김영삼, 김대중의 단일화 실패' 과정에서 나온 철새 같은 구태의연한 평론일 뿐이라 폄하하고, '비를 함께 맞겠다'라며, 문제가 있는 인사를 중요 요직에 기용하겠다는 결정조차 그냥 끌어안겠다고 선언하는 건, 저널리스트로서 스스로 일생동안 해 온 비판과 성찰의 가치를 소홀히 여겨 스스로 허물어버릴 수 있음을 기억해야 한다.

 **————— 좋은 판단을 위한 체크리스트**

: 정부의 진영파괴 인사권 행사 이슈를 판단하기 위해
점검할 질문들

① 기본적 무게 감각

· 상대 진영 출신의 인사를 중용하면, 정부나 행정부 수반에게 유리한
것과 불리한 것은 무엇일까?

· 내가 지지하는 인사권자의 인사 논란에 대해 쓴소리가 필요한가,
적극적 지지와 옹호가 필요한가?

· 정치적 통합이라는 탕평의 상징성이라는 측면과 개인의 정치적,
도덕적 자질 중 무엇이 더 중한가?

② 염치와 양심

· 해당 인사에 대한 지지 또는 비판이 나의 정서적 반응으로부터인가,
사회를 위한 이성적 판단인가?

· 어떤 인사의 자질과 관련된 논란이 일 때, 나는 해당 이슈에서
부끄럽지 않고 당당할 수 있는가?

· 과거에 성공 또는 실패했던 인사 사례들에서, 염치가 있었던 인사들은
대체로 어떤 모습이었는가?

③ 문화적 준거집단, 토대 인식

· 내가 지지하는 진영 내에서, 정부 인사에 대해 강한 논란이 일 때,
나는 무엇을 중요하게 여기는가?

· 내가 속한 정치 진영에서도 특정 사안에 대해 다양한 시각과
  의견이 등장할 때, 나는 어느 쪽인가?
· 인사권자인 행정부 수반, '대통령'에 대한 신뢰 또는 불신이 비판을
  중단하거나 지속하는 근거인가?
· 나의 정치적 준거집단에서는, 진영을 파괴한 파격 인사에 대해
  즉각적으로 어떤 반응을 보였는가?

④ 근거와 사실들의 수집, 비교

· 인사 논란의 대상이 되는 인물이 해당 업무에 적합한 자질을
  갖추고 있는지 다양하게 살펴봤는가?
· 진영파괴 인사라는 이슈에서 나는 충분히 다양한 진영의 논리를
  탐색하고 정보를 얻고 있는가?
· 논란이 있는 인사가 해당 직무를 수행할 때, 어떤 기준들을 가지고
  능력과 성패를 판단할 것인가?

⑤ 선악의 방향성과 여파

· 이 인사는 민주주의에 대한 우리 사회의 신뢰를 강화하는 방향인가,
  비판을 위축시키는 방향인가?
· 이 인사는 내가 지지 혹은 지지하지 않는 대통령이 결과적으로
  옳은 판단을 하게 하는 방향인가?
· 이 인사는 우리 사회의 다수 시민의 삶을 행복하게 하는가,
  상대적으로 소수에게 도움이 되는가?
· 논란이 일었던 지명을 철회한다면 이후, 행정부 수반은 어떤 방향으로
  인사를 실행해야 할까?

좋은 판단은 결코 공중에 뜬 하나의 생각이 아니다.

그 판단은 언제나 시간 위에 놓여 있다. 우리가 직면한 사안의 전후 역사, 그 이슈의 중심에 선 이들의 신념과 태도, 말과 행동의 일관성… 그 모든 것이 겹겹이 쌓여, 마침내 우리는 하나의 결론에 다다른다. 그리고 때로는, 그 결론이 틀린 것으로 밝혀지기도 한다.

나는 박근혜 탄핵으로 출범했던 문재인 정부 막바지에 전개된 대통령 선거 당시, TBS 라디오 〈뉴스공장〉 PD로 일하며, 불운하게도 윤석열이라는 인물의 연설을 수십 차례 반복해 시청해야 했다. 원래 정치인도 아니었지만, 그의 연설은 정치적 수사가 담긴 말놀음에도 못미치는 수준이었다. 그 안에는, 공허한 자유의 무신경한 반복 속에 오만과 독선, 단절과 경멸의 언어로, '적'을 상정하는 감정의 코드만 뚜렷이 박혀 있었고, 국가의 미래를 위한 현실 경제나 외교 문제의 대처 방안 같은 것은 아예 존재하지 않았다.

그의 정신적 멘토라는 '천공'의 유튜브도 1.5배속으로 몇 시간을 봐야 했다. 서울법대 출신으로 검찰 조직의 정점에 올랐던, 보수 정당의 대통령 후보라는 인물이 '감명'을 받아, 스승처럼 여긴다는 인물이 만든 수백 개의 동영상 강의는 억지 꿰맞춤으로 가득했고, 도무지 합리적인 근거라고는 하나도 찾을 수 없었기에, 나는 당시 선거 결과에 대해 어느 정도 확신할 수 있었다. '동시대를 살아가는 내 조국의 유권자들이, 기본적인 상식, 도덕적 기준, 그리고 최소한의 정치적 관심이 있다면, 이 사람을 대통령으로 뽑을 일은 없겠구나.'

하지만 그 판단은 틀렸다.

그는 아주 근소한 차이로 대통령이 되었고, 나는 나의 상식을 되짚으며, '내가 왜 틀렸는가'라는 질문과 함께, '그들은 왜 그를 선택했는가?'를 묻지 않을 수 없었다.

나는 정치인 '개인의 자질'이 얼마나 중요한지를 따지는 쪽이다. 품격의 폭, 사유의 깊이 같은, "격"의 차이들은 단지 별거 아닌 듯한 말과 행동에도 여과 없이 드러난다. 선거 전부터 무슨 말을 하는지 모르겠더니, 나중에는 당선된 뒤에도 자신이 더 많은 표를 얻었어야 했으며, 선거에 '부정과 조작'이 있었다고 주장하는 자에게서, 대한민국을 이끌 '리더'의 모습이 아니라, 국가를 망칠 '골칫덩이의 그림자'를 발견했다. 출근을 위장하려고 빈 차로 도로를 통제하는 안하무인 벌거벗은 임금 행세 앞에서, 시린 눈과 비통한 가슴을 안고, 마음과 삶이 무기력해졌다.

원래 몰상식한 자인 걸 알았지만, 국익 외교나 합리적인 소통의 정치는커녕, 반대 의견을 가진 언론을 가차 없이 차단하고, 정당한 비판의 목소리들을 묵살하며, 심지어 허황한 소문에 이끌려 국가 R&D 예산 수조 원을 감액하는 등 국가의 산업과 학문의 미래 경쟁력을 망치고 민주주의를 무시하는 경악스러운 행보를 서슴지 않았다. 가까운 미래가 선명하게 그려졌다.

나는 윤석열 정권 출범 후 줄곧 주변 사람들에게 말했다. "이 정권, 반드시 계엄을 실행할 것이다." 이 말을 들은 이들 모두가 웃으며 핀잔을 줬고, "21세기에 무슨 계엄이냐?"라고 반문했다. 하지만 나의 그러한 선언적 판단은, 내 나름의 확실하고 뚜렷한 근거가 있었다. 박근혜 전 대통령 탄핵의 과정에서, 한 번도 힘을 써보지 못하고 정권을 고스란히 넘겨준 보수 정권의 역사적 경험은, 그들에게 결코 되풀이하고 싶지 않은 아찔한 패배감을 각인했을 것이기 때문이었다. 검찰이라는 조직에서 이해관계를 바탕으로, '죄'와 '죄인' 만들기에만 능숙했던 서툴고 고집불통인 안하무인 대통령의 실정과, 그에 대한 국민의 반감과 저항이 누적되고 있기에, 탄핵의 강이 다시 흐를 것은 자명하게 예정된 순서였다. 그렇게 된다면 이번만큼은, 보수세력이 눈 뜨고 코 베이듯 평화적으로 권력을 몰수당하는 것이 아니라, 반드시 '힘', 그것도 군 통수권과 행정 권력이라는 가장 강력한 물리적 수단으로 저항할 것이고, 결국 계엄령의 발동으로 이어질 것이라는 전망이었다.

하지만 내 판단은 또 틀렸다.

정치적 위기 상황이 절정에 다다르고, 각종 부정과 불법이 드러나, 국회로부터 탄핵의 경고가 실제로 실행될 것으로 보일 때, 자신의 치부를 덮어 누르고 정치권력을 사수할, 끝의 끝, 마지막 수단으로서 '계엄'을, '방어적'으로 발동할 거라고 예상했던 나의 시나리오는 완전히 어긋나 버렸다. 오히려 윤석열은 집권 초부터, 자신의 권력을 영구화하고, 반대 정치 세력을 '절멸'시키기 위한 수단으로서 친위 쿠데타, 즉 '공격적 계엄'을 차근차근 설계했고, 심복들과의 치밀한 준비 끝에 실행에 옮긴 것이다. 아마도, '상황에 몰린 마지막 수단으로서의 계엄'과 같은 전망을 한 사람들만 있었다면, 2024년 12월 3일 밤 이후 대한민국 사회의 운명은 정말이지 끔찍하고 참혹했을 것이다.

다행히도, 민주주의와 정당 제도는 다양한 배경을 가진 수많은 사람의 상식과 경험의 연대, 그리고 가능성 있는 시나리오들의 시뮬레이터로 존재했다. 군 수뇌부와 대통령 비선조직들의 수상한 행보에, 정보기관이나 군 출신 야당 정치인들이 네트워크를 가동하며 감시했고, 심상치 않은 정황을 의심해 온 야당 국회의원들에게는 만일의 비상 상황에 대한 행동 지침과 대비가 있었다. 거기에, 일시를 비롯한 여러 가지 하늘의 도우심으로밖에는 볼 수 없는 수많은 요소와 국민의 헌법 수호 의지에 따른 저항으로, 명확한 '내란' 목적의 반헌법적 계엄령은 해제되었고, 검사 출신 대통령이, '군왕'으로 영구적 군림을 꿈꾸었던 친위 쿠데타는 그렇게 무산되었다.

이 모든 일이 벌어진 후에도, 여전히 윤석열을 지지하면서, 야당이 국회 의석 다수를 얻은 총선은 '부정선거'였고, 새로 치러진 대통령 선거 또한 해킹이 개입된 부정으로 점철되었다고 주장하는 사람들이 여전히 온오프라인을 가리지 않고 등장한다. 심지어 계엄이 성공했어야 한다고 공공연하게 목소리를 높인다. 나는 진지하게 궁금했다. 그 수가 결코 적지 않은데, 왜 그러는 것일까? 그들은 도대체 어떤 이유에서 그러한 판단을 내리는 것일까? 집단적 최면이나 마술에라도 걸린 것일까? 지식이나 지혜의 수준이 여느 사람들과 다를 바 없는 보통의 사람들이 아닌가? 도대체 왜 그런 결론에 도달했는가? 그들은 누구보다도 스스로 국가를 사랑한다고 자부하고, 그렇기 때문에 틀림없이 '애국'과 '매국'을 견딜 수 없는 사람들이지 않은가?

내가 참 좋아하는, 어린 시절 대학 동기 애기를 하지 않을 수 없다. 그는 진짜로 '서울 자가에 대기업 다니는 김 부장'이다. 강남의 대형 교회에서 청소년 부서를 맡아 열심히 봉사하고, 만날 때마다 예의 그 사람 좋은 얼굴로 웃어주는 친구인데, 오랜만에 동기들을 만난 자리에서 그는 나직한 목소리로 말했다. 여전히 미소 가득한 얼굴, 그러나 진지한 표정으로, "차 피디, 부정선거는 틀림없는 사실이야. 자네도 내가 시청하는 유튜브 채널을 30분만 시청한다면, 부인할 수 없는 확실한 증거들과 과학적 팩트 앞에서, 선거 부정을 인정할 수밖에 없을 거야"

나는 그날 저녁 곰곰이 그 친구의 목소리를 떠올렸다. 부정선거에 대한 그의 확언은, 그가 가진 예수에 대한 신앙만큼이나 확실해 보였다. 내 생각과 너무나 달랐지만, 그렇다고 무조건 그가 잘못됐다고 단정하는 것 또한 옳은 것 같지 않았다. 나로선 그 친구가 안타까웠지만, 그도 나만큼이나, 내가 '속히 어리석은 판단으로부터 벗어나기'를 진심으로 기도해 주고 있을 터였다.

분명한 건, 나에게는 비합리적으로 느껴지는 부정선거론자들도 사실, 끊임없이 이성적으로 판단하기 위해 애쓰는 사람들이라는 점이다. 대학 동기인 그 친구만 해도, 누구보다 착하고 예의 바르고, 사람에 대한 존중과 예수에 대한 신앙 모두 훌륭한, 옳고 그른 것을 분별하려고 노력해 온 사람임을 나는 잘 안다. 나와 다른 지점을 찾으라 한다면, 그의 삶을 둘러싼 환경과 그 친구의 네트워크, 그가 자주 만나는 인간관계, 그것이 오프든 온라인에서든, 그가 속한 공동체나 준거집단 등 서로의 판단에 영향을 형성하는 '토대'가 명확하게 갈릴 뿐이었다.

그러니, 내가 내릴 수 있는 합리적 결론은 나와 마찬가지로, 그 친구의 '토대'와 거기에서 비롯된 그의 '태도'가 순수하게 그 친구 자신으로부터 생겨난 것이 아니라는 점이다. 그의 판단도,

또 나의 판단도 '자기의 것'이라 할 수 있는 게 많지 않다. 결국은 하나의 관점을 취사선택해야 하는데, 어떤 기준을 찾아야 서로가 비슷해질 수 있을까? 이 책은 꽤 오래전부터 그와 같은 질문에서 시작되었다.

나는 이 책을 통해, 우리가 생각을 멈춘 채 내가 아닌 누군가의 논리, 그 판단을 정서적 방식으로 빌려와, 자기 것이라고 믿는 시대에 살고 있음을 함께 얘기해 보고자 했다. 우리는 정말로 스스로 생각하고 있는가? 우리의 판단은, 혹시 이미 누군가가 만들어 놓은 조작된 분노와 감정에 편승해, 다수가 같은 확신을 가지고 있을 것이라는 안도의 틀 안에서, 자동, 즉 기계적으로 누군가로부터 내려받고 있는 위계의 명령을 따르고 있는 것에 불과한 것은 아닐까? 그렇다면, 그것이 좋은 판단인지 여부를 스스로 알아낼 방법이 요원해지지 않겠나?

좋은 판단은, 그저 똑똑한 결론을 내리는 것이 아니다.

좋은 판단은, 나를 둘러싼 타인의 말들 속에서 울리는 감정의 주파수를 읽고, 그 말의 뿌리가 된 세계관을 이해하기 위해 사유하고, 그 세계관을 제공하는 토대가 어떤 역사와 문화 속에서 만들어졌는지를 '독자적으로' 탐색할 수 있을 때 가능하다고 믿는다. 이것은 지혜, 그리고 용기가 필요한 일이고, 그래서 나는 이 책 속에서, 그 방법들을 몇 가지만이라도 짚어보려 했고, 이제 남은 건 생각이 다른 독자들과의 대화이다.

생각 없이 다른 사람의 기준에 나의 판단을 맡기는 삶은, 결국 껍데기로 살아가는 일이다. 나는 우리에게 어떤 '태도'를 형성시키는 우리의 '토대', 즉 준거집단의 시각으로부터 물러나, 스스로 내 판단의 방향을 다시 한번 생각하고, 좋은 판단을 위해 쉼 없이 사유하는 '존재'의 의미를 찾고 싶다. 그 바람이 공감도 좋고, 비판도 좋다. 무엇보다 '열린 대화 신청'이라는 피드백으로 돌아왔으면 어마나 좋을까 하는 소망을 가져본다.

도서출판 이비컴의 실용서 브랜드 **이비락** 樂 은 더불어 사는 삶에 긍정의 변화를
줄 유익한 책을 만들기 위해 노력합니다.

원고 및 기획안 문의 : bookbee@naver.com